实盘分析战法

精通蜡烛图与成交量

杨 娟◎编著

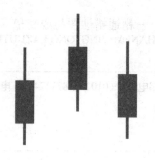

中国铁道出版社有限公司
CHINA RAILWAY PUBLISHING HOUSE CO., LTD.

图书在版编目（CIP）数据

实盘分析战法：精通蜡烛图与成交量 / 杨娟编著.—北京：中国
铁道出版社有限公司，2024.5
ISBN 978-7-113-31084-4

Ⅰ.①实…　Ⅱ.①杨…　Ⅲ.①股票交易-基本知识　Ⅳ.①F830.91

中国国家版本馆CIP数据核字（2024）第053797号

书　　名：**实盘分析战法——精通蜡烛图与成交量**
　　　　　SHIPAN FENXI ZHANFA：JINGTONG LAZHUTU YU CHENGJIAOLIANG
作　　者：杨 娟

责任编辑：杨 旭　　编辑部电话：（010）51873274　　电子邮箱：823401342@qq.com
封面设计：仙 境
责任校对：刘 畅
责任印制：赵星辰

出版发行：中国铁道出版社有限公司（100054，北京市西城区右安门西街 8 号）
印　　刷：三河市宏盛印务有限公司
版　　次：2024 年 5 月第 1 版　2024 年 5 月第 1 次印刷
开　　本：710 mm×1 000 mm 1/16　印张：11.25　字数：168 千
书　　号：ISBN 978-7-113-31084-4
定　　价：69.00 元

对蜡烛图和成交量的分析不仅是股市中的基础技术，也是被投资者广泛认可的行情分析方法。对于这两种炒股技术，投资者可以先进行简单的认识。

◆ 蜡烛线又称K线，它能够准确地显示个股在某一天的开盘价、收盘价、最高价及最低价这四个基本价格。蜡烛图则是由一根根蜡烛线构成的，它能够反映出过去一段时间内个股的历史价格与表现。

◆ 成交量是股市供需关系的表现，具体是指在一定时间内股票交易成功的总手数，也是反映一定时期内市场平均成交情况的技术指标。成交量的放大、缩小及水平变化等形态，都能够很直观地反映出市场对股票的态度，从而帮助投资者从量能变化的角度进行交易决策。

另外，这两种技术不仅能够单独使用并对投资者分析买卖点提供帮助，还能结合起来使用，通过对量价关系进行分析，从而提高投资者买卖点分析的可靠性。

为了帮助有切实需求的投资者更好地了解并掌握蜡烛图技术和成交量技术在实战投资中的应用，以及提高交易的准确性，作者编写了本书。

全书共六章，可分为三个部分：

◆ 第一部分为第 1 章，针对蜡烛图与成交量的基本知识进行介绍，
包括蜡烛图在股市中的应用、成交量基础知识掌握及蜡烛图与成
交量的结合形态。通过对这部分内容的学习，读者可以了解蜡烛
图和成交量的入门知识，从而为后面的深入学习奠定基础。

◆ 第二部分为第 2~3 章，介绍蜡烛图技术的实战应用，具体内容包
括蜡烛线组合及蜡烛图形态的应用。通过对这部分内容的学习，
读者可以更好地借助蜡烛图技术寻找买卖点。

◆ 第三部分为第 4~6 章，主要从量价关系的角度介绍蜡烛图与成交
量在实战中的结合应用，这不仅有量价的常规应用，还有涨跌停
制度下和分时图中的量价关系的特殊应用。通过对这部分内容的
学习，读者可以提高寻找买卖点的成功率。

本书内容由浅入深、循序渐进，在讲解过程中，为了让读者能够更加
直观、牢固地掌握相关实战应用技法，书中特意安排了大量的典型实盘案
例，并基于真实的行情走势细致地分析。这里需要强调一点，书中内容均
从知识角度对这两种技术的用法进行讲解，但实战中影响股价走势的因素
有很多，因此投资者不能将书中知识作为买卖决策的唯一分析标准使用。

最后，希望所有读者通过对书中知识的学习，提升自己的炒股技能，
收获更多的投资收益。但任何投资都有风险，也希望广大投资者在入市和
操作过程中谨慎从事，降低风险。

编　者

2024 年 1 月

目录

第 4 章　蜡烛图与成交量实战结合

第 5 章　涨跌停制度下的量价分析

第 6 章　分时图中的量价结合形态

第 1 章

蜡烛图与成交量快速入门

在股市的技术分析中，"价"和"量"是非常重要的分析面，"价"是通过蜡烛图来体现，而"量"则代表的是成交量。本书将从知识应用的角度对这两个重要分析面进行实战讲解，仅作为投资者的技术学习指导，投资者不能单一地使用任何一个技术方法进行实战指导。下面从蜡烛图与成交量的基础知识开始讲解，让投资者快速入门。

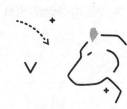

1.1 蜡烛图在股市中的应用

蜡烛图又叫 K 线图，是由一根根的蜡烛线构成的，用于反映价格走势的图表，是股市投资者最熟悉的基本分析工具。

那么，蜡烛图到底长什么样？它在股市中到底有什么作用？它的准确性和局限性又如何呢？下面来具体了解一下。

1.1.1 详细认识蜡烛线

所有入市的投资者第一个要学的就是看蜡烛线，因为它是技术分析的基础，也是价格走势最直接的体现。下面就从蜡烛线的结构、类型、影线和颜色来详细进行介绍。

（1）蜡烛线的结构

蜡烛线是个股当日价格变动的反映，它由四个关键的数据构成，分别是开盘价、收盘价、最低价和最高价。根据这四个数据的不同位置关系，可以将蜡烛线的结构分为阳线结构、阴线结构和十字线结构三种样式，其示意如图 1-1 所示。

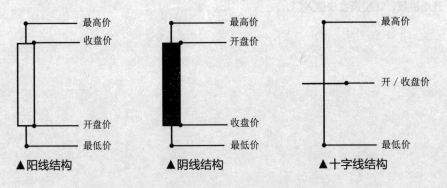

图 1-1 蜡烛线的三种基本结构示意图

各种结构蜡烛线的具体介绍见表 1-1。

表 1-1　蜡烛线的三种基本结构说明

结构类型	说　明
阳线结构	阳线结构的蜡烛线是指股票当日收盘价高于开盘价，说明当天的价格先低后高，属于上涨
阴线结构	阴线结构的蜡烛线是指股票当日收盘价低于开盘价，说明当天的价格先高后低，属于下跌
十字线结构	十字线结构的蜡烛线是指股票当日的收盘价等于开盘价，说明当天的价格经过震荡后最终走平，没有明显的趋势性

（2）蜡烛线的类型

蜡烛线的类型通常是按实体大小和时间周期来进行划分，下面分别进行介绍。

◆ 按实体波动范围大小划分蜡烛线类型

在阳线和阴线的蜡烛线结构中，开盘价和收盘价之间的区域称为实体，根据实体波动范围的大小，可以将蜡烛线分为大阳线、中阳线、小阳线、小阳星，以及大阴线、中阴线、小阴线、小阴星，其示意如图 1-2 所示。

图 1-2　按实体大小划分的蜡烛线类型示意图

通常在确定实体波动范围时，可以使用公式"高低价差 ÷ 低价"来计算。那么多大的实体可以称为大实体，多小的实体可以称为小实体呢？具体有如下四个判断依据。

①大阴线和大阳线的波动在 3.6% 及以上。

②中阴线和中阳线的波动一般在 1.6% ～ 3.5%。

③小阴线和小阳线的波动一般在 0.6% ～ 1.5%。

④小阴星和小阳星的波动在 0.5% 及以下。

◆ 按时间周期划分蜡烛线类型

根据时间周期的不同可以将蜡烛线分为 5 分钟蜡烛线、15 分钟蜡烛线、30 分钟蜡烛线、60 分钟蜡烛线、日蜡烛线、周蜡烛线、月蜡烛线、季蜡烛线及年蜡烛线等。

日蜡烛线是炒股软件默认的蜡烛线周期，每根蜡烛线的间隔时间为一日，其效果见图 1-3。周蜡烛线、月蜡烛线和年蜡烛线通常用于研判中长期走势；5 分钟蜡烛线、15 分钟蜡烛线、30 分钟蜡烛线和 60 分钟蜡烛线更多的是用于研判超短期走势。

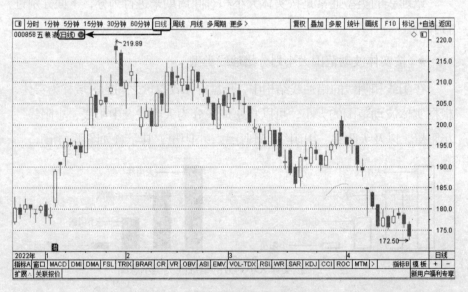

图 1-3　默认周期的蜡烛线效果

另外，在图 1-3 展示的界面中，其上方可以看见有很多周期按钮，如分时、1 分钟、5 分钟、15 分钟、30 分钟、60 分钟、日线、周线、月线等，通过单击这些周期按钮，可以快速切换蜡烛线的周期。图 1-4 为单击"周线"按钮后，将日蜡烛线更改为周蜡烛线的效果。

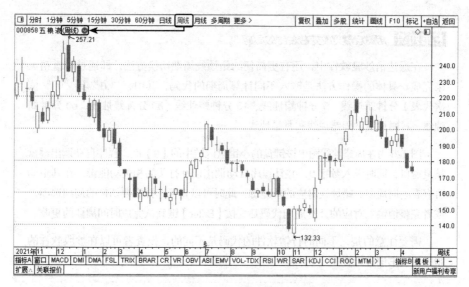

图 1-4　更改蜡烛线的默认周期

需要说明的是，当股票的蜡烛线周期被切换后，其他叠加到蜡烛图上的技术指标及下面的副图指标也会同时被改变为相应的时间周期。

在图 1-5 的周蜡烛线图中，主图的 MA 指标和副图的 VOL 指标，其时间周期就被改成了"周"。

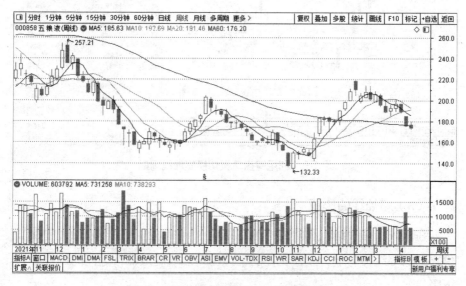

图 1-5　其他指标的周期与蜡烛线的周期一致

拓展知识 *用键盘精灵改变蜡烛线的周期*

在通达信炒股软件中，还有更简便的蜡烛线周期切换方法，即通过键盘精灵来完成。具体的操作方法是输入不同计算周期的代码，其中，"91"到"98"依次代表1分钟蜡烛线、5分钟蜡烛线、15分钟蜡烛线、30分钟蜡烛线、60分钟蜡烛线、日蜡烛线、周蜡烛线和月蜡烛线。

图1-6为在周蜡烛线图中按键盘的小键盘区域中的【9】键，程序自动调出键盘精灵窗口，同时录入数字9，并且程序自动调出以9打头的相关功能键，在其中即可查看不同周期的蜡烛线对应的功能键，此时可以直接选择需要切换的周期选项，或者完整地输入对应的计算周期代码后，按【Enter】键确认完成时间周期的更改。

需要注意的是，不同的行情软件的代码是不同的，投资者可以在炒股软件的帮助说明书中进行查找。

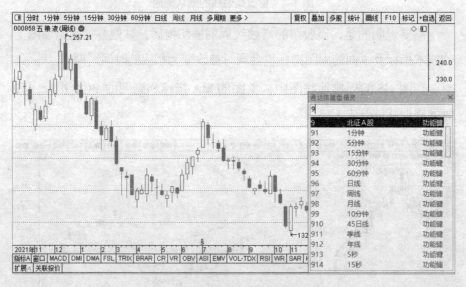

图1-6　利用键盘精灵切换蜡烛线周期

（3）蜡烛线的影线

在阳线蜡烛线结构和阴线蜡烛线结构中，实体的上边与蜡烛线的最高价之间的细线称为上影线，实体的下边与蜡烛线的最低价之间的细线称为下影线。

在十字线结构中，从开 / 收盘价向上延伸的细线称为上影线，向下延伸的细线称为下影线。

影线在不同蜡烛线结构中的具体位置如图 1-7 所示。

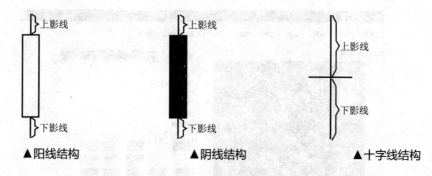

图 1-7 蜡烛线中的影线示意图

通常而言，产生上影线的原因在于空方力量大于多方力量，个股开盘后，多方上攻无力，遭到空方压制，股价由高点回落，由此形成上影线。产生下影线的原因在于多方力量大于空方力量，个股开盘后，股价受到空方的压低而下跌，但由于多方力量强劲，使股价回升，收于低点之上，从而产生下影线。

但是，在实战中，也不能仅看上下影线的长短来片面地判断市场中多空双方的势力强弱，还需要将影线长短与蜡烛线的形态及其他技术指标或基本面结合使用，这样分析更为准确。

（4）蜡烛线的颜色

在 A 股市场中，涨用红色表示，跌用绿色表示。

相应的，阳线反映的是股价或指数的上涨，因此用红色表示，并且实体为空心状态，即无填充色。阴线反映的是股价或指数的下跌，因此用绿色表示，实体和影线都为绿色。

在有的炒股软件的配色方案中，蜡烛线的颜色可能不是红色和绿色，但都是与红色或绿色相近的颜色。

图 1-8 为通达信炒股软件中的红黑配色方案，其中的阳线也是红色的轮廓，实体无填充色；而阴线的颜色是蓝绿色的轮廓，实体填充的蓝绿色。

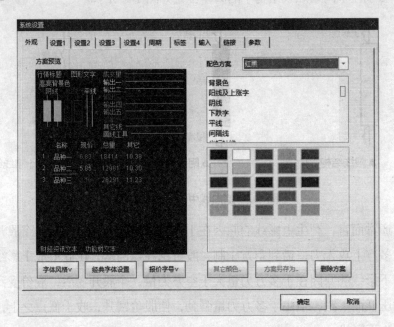

图 1-8 不同配色方案下蜡烛线的颜色

1.1.2 蜡烛图在股市中的两大作用

蜡烛线作为能够准确反映当日个股成交情况的工具，除了能够表达出个股的价格数据以外，还有以下三个显著作用。

◆ 作用一：发现当日走势，判断当日市场心理

投资者知道，蜡烛线能很好地反映股票当日的开盘价、收盘价、最高价和最低价之间的关系。其中，当日收盘价和当日开盘价之间的差距（即实体）决定了蜡烛线是阳线还是阴线；而当日的最高价和最低价则反映了市场对于价格波动的承受范围。

所以，这四个价格还可以帮助投资者清晰地了解个股当日的走势是涨

还是跌,以及大体判断当日的市场心理是积极看好还是消极看淡。

◆ 作用二:通过前一日的走势预测次日走势

不同的蜡烛线可以反映不同的市场意义,例如,若个股当日收出一根上影线较长的蜡烛线,预示着市场中的卖方势力可能比较强,后市股价下挫概率较大。

图 1-9 为宝丰能源(600989)的一段股价走势,在 2021 年 9 月 16 日,蜡烛线收出长长的上影线,说明股价上涨困难。次日股价低开后震荡冲高,最终盘中冲高回落,当日股价相较于上个交易日有明显的下跌,证实了前面的推断。

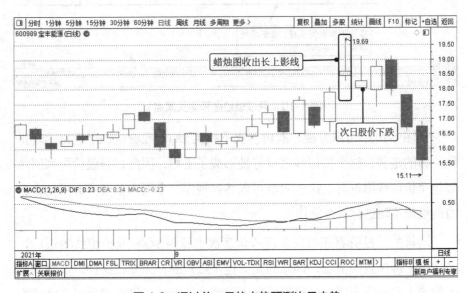

图 1-9　通过前一日的走势预测次日走势

当然,还是要提醒投资者,在实际的分析中不能单单通过长上影线直接判定股价次日就一定下跌,只能说次日出现下跌的概率较大。

◆ 作用三:预测买卖点

蜡烛图是个股长期以来的价格走势汇总,有些时候它能通过多次在特定价位线上的停留和转折,形成明显的价格平台,即支撑线和压力线,这两条线其实就是投资者买卖股票的参考位置。

图 1-10 为盐湖股份（000792）在 2021 年 11 月至 2022 年 7 月的一段走势。

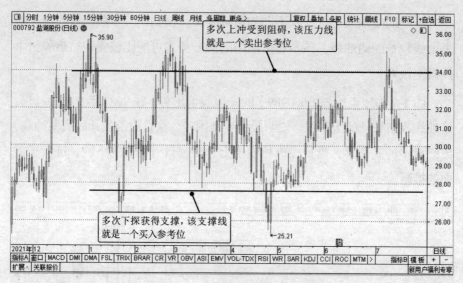

图 1-10　通过蜡烛图预测买卖点

从图 1-10 中可以发现，股价多次下跌到 28.00 元价位线附近都出现止跌反弹的走势，这个价位线就很好地形成了支撑，因此，当股价再次回落到这个价位线附近时，投资者就可以将其视作一个买入参考点，可结合自身的投资策略进行买入操作。

同样的，投资者还可以发现股价多次上涨到 34.00 元价位线附近后，都出现上冲失效的情况，偶尔的突破也是短暂的，因此，这种价位线就成了股价上涨的压力线，当股价再次上涨到该位置时，投资者也可以将其视作一个卖出点。

除了这里介绍的支撑线和压力线可以作为买卖参考点，蜡烛图中还有很多组合及形态都可以很好地传递出股价可能出现转折或继续之前走势的信号，为投资者预测买卖点提供很好的辅助，这也是本书后面将重点介绍的内容。

1.1.3　蜡烛图的准确性和局限性如何

通过前面的介绍，投资者了解到蜡烛图在股市投资中的作用还是很大的。但是，投资者是否只需要掌握这个技术的用法，就能入市获利了呢？

答案是否定的。

那么，蜡烛图的准确性如何呢？它又有什么局限性呢？

（1）蜡烛图的准确性

蜡烛图的准确性是不能保证的。在股市这个复杂的系统中，任何宏观政策、经济情况、突发事件、个股公司基本面、大众投资者的心理等都会对市场的走势造成非常大的影响。

下面来看一个具体的实例。

实例分析

外部因素导致万泰生物（603392）股价连番上涨

受外部突发事件影响，许多医药上市公司在 2020 年迎来了高速发展期。有数据显示，2020 年全年总计诞生了 270 只股价翻倍的"大牛股"，而在这 270 只大牛股中，生物医药行业以 39 只的涵盖数量居于首位，平均年涨幅 52.59%，其中万泰生物以 1499.44% 的涨幅摘得"牛股之王"的头衔。

北京万泰生物药业股份有限公司（简称：万泰生物）是从事生物诊断试剂与疫苗研发及生产的高新技术企业。2020 年 4 月 29 日，该公司在主板市场上市，发行价格为 8.75 元 / 股。

图 1-11 为万泰生物 2020 年 4 月至 8 月的走势。

从图 1-11 中可以看到，该股在上市首日的收盘价为 12.60 元，当天股价涨幅高达 44%。次日，该股便开启了一路涨停之势，在连续经历了 26 个一字涨停后，该股在 6 月 9 日才开板交易，当日以 145.00 元的价格收盘。

之后股价依旧在曲折中上扬，并在 8 月 4 日创出这段时间以来的最高价 296.80 元，三个多月的时间，股价就有了巨大涨幅。

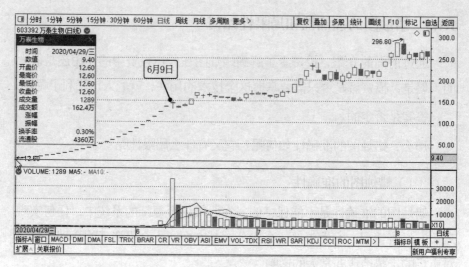

图 1-11 外部因素导致股价连番上涨

这个案例正体现了外部因素对股价造成的巨大影响，这些是通过蜡烛图难以预测到的。

这也是书中一直强调的，为什么不能单独使用蜡烛图，或者不能将蜡烛图中某一具体用法作为买卖点决策唯一判定标准。而且在某些情况下，蜡烛图发出的买卖信号也会失效。

下面来看一个具体的案例。

实例分析

蜡烛图发出的买入信号失效

在蜡烛图中有一个量增价涨的应用（具体内容将在本章后面介绍），但是出现这种量价关系后，股价不一定会持续上涨。

图 1-12 为天赐材料（002709）2021 年 9 月至 12 月的走势。

从这段走势中可以看到，股价在 9 月底出现了一波短暂的回调后在 130.00 元价位线上获得支撑止跌，之后股价在成交量的温和放大配合下逐步拉升。

按理说拉升有量能的支撑，股价的上涨趋势会持续，但是这波上涨维持了不到一个月的时间，在创下 170.51 元的阶段高价后便迅速见顶回落，步入漫长的下跌之中。很显然，这里蜡烛图发出的买入信号失效了，如果投资者仅仅凭借这个量价形态就盲目地参与投资，那么等待他的就是股价未来漫长的下跌。

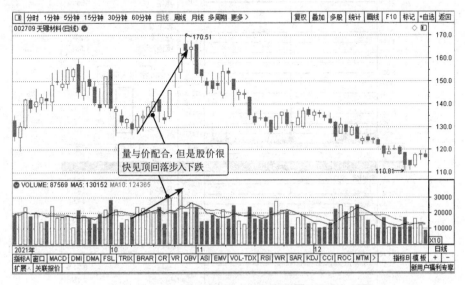

图 1-12　蜡烛图发出的买入信号失效

（2）蜡烛图的局限性

蜡烛图在应用的过程中还存在一定的局限性，主要是其特殊的结构导致的。虽然蜡烛线可以反映个股当日的开盘价、收盘价、最高价和最低价，但是个股当日内部的走势就无法从蜡烛图中观察到。有可能两个相同的蜡烛线结构，内部也会出现截然不同的走势。

下面来看一个具体的案例。

实例分析

相同蜡烛线却有不同的内部走势

图 1-13 分别是特一药业（002728）2023 年 2 月 16 日和萃华珠宝（002731）2023 年 4 月 3 日蜡烛线当日的具体分时走势。

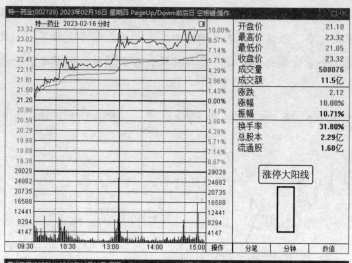

图 1-13　相同蜡烛线却有不同的内部走势

从蜡烛线结构来看，当日二者的开盘价几乎都是各自的最低价，收盘价也是各自的最高价，因此都是涨停大阳线，但二者的走势却截然不同。

特一药业当日是以低于上个交易日收盘价的价格开盘，开盘后价格一路震荡上涨，在接近早上收盘的时候，该股达到当日的涨停价，但是很快便开板交易，一直持续到收盘才再次达到涨停价，当日收出涨停大阳线。

萃华珠宝当日则是以高于上个交易日收盘价的价格开盘，在短短几分钟的时间内，股价就达到涨停价，并且之后一直封板，直到收盘也没有被打开过，最终也收出了一根涨停大阳线。

从这个案例可以看到，外部形态完全一致的两根涨停大阳线，内部却走出了不同的价格运行轨迹，由此非常直观地体现了蜡烛图的局限性，即蜡烛线的结构只反映四个价格要素，却忽略了中间的走势过程。而往往中间的走势过程对投资者分析个股未来走势有非常重要的意义，这也是投资者仅看蜡烛线形态预测不准确的又一个内部原因。

既然蜡烛图存在预测不准确性和分析局限性，那么为什么还要学习蜡烛图呢？

原因很简单，蜡烛图分析是一门流传了几百年的技术，已经经过历史的考验成为经典，而且它是所有炒股技术中比较基础，也是比较容易掌握的。此外，该技术从组合、形态等方面总结出的看涨、看跌应用，在实战投资中还是具有一定指示意义的，将其与其他技术发出的买卖信号进行综合应用，可以提高买卖点预测的准确性。

所以，学习蜡烛图在股市中的应用对投资者来说还是有一定的必要性。

1.1.4　蜡烛线的基本形态

在实战应用中，单根蜡烛线的研判准确度不高，因此，投资者往往不会单看一根蜡烛线就作出买卖决策。但是，为了更好地理解蜡烛线组合、蜡烛线形态的作用，投资者还是要对蜡烛线的基本形态有一定的了解。

常见的蜡烛线的基本形态及其作用见表 1-2。

表 1-2　蜡烛线基本形态介绍

基本形态	形态示意图	介　　绍
小阳星		小阳星表示全天股价波动很小，收盘价略高于开盘价，表明行情处于混乱不明的阶段，应根据前期蜡烛线组合的形态及当前所处的价位区域综合判断

续表

基本形态	形态示意图	介 绍
小阴星		小阴星表示全天股价波动很小，收盘价略低于开盘价，表明当前行情疲软，发展方向不明确
小阳线		小阳线表示全天股价波动范围较小，收盘价高于开盘价，表明多方稍占上风，但上攻乏力，后市行情发展仍扑朔迷离
小阴线		小阴线表示全天股价波动范围较小，收盘价低于开盘价，说明空方呈打压态势，但力度不大，行情发展趋势不明
光头阳线		光头阳线是没有上影线的蜡烛线，即当天的收盘价就是当天的最高价，其实体部分远长于下影线。如果光头阳线出现在低价位区，在分时走势图上表现为股价探底后逐浪走高且成交量同时放大，则预示着新一轮上升行情的开始；如果光头阳线出现在上升行情途中，后市通常会继续看好
光头阴线		光头阴线的开盘价为当天的最高价，随后股价一路下滑，在低位又遇买盘涌入，使股价略微回升，但低于开盘价 若光头阴线出现在低位，说明有抄底盘介入使股价反弹，但力度不大；若光头阴线出现在经过一段明显上涨之后的高位，且下跌时放量，尾盘短时间内小幅拉升但成交量不大，则有可能是主力全天派货后，临近尾盘用少量资金快速拉高股价，为次日继续出货做准备
光脚阳线		光脚阳线是指开盘价为当日最低价，带有上影线，但实体远大于上影线的蜡烛线。这种形态表示个股上升势头强劲，但在高价位处多空双方有所分歧
光脚阴线		光脚阴线是指收盘价为当日最低价，带有上影线，但实体远大于上影线的蜡烛线。这种形态表示股价虽有反弹，但上档抛压沉重。如果该形态出现在下降趋势中，则次日还有下跌；如果该形态出现在上升途中，则可能是主力趁势压价震仓
上吊阳线		上吊阳线也称为吊颈线，这种K线的特征是实体很短，无上影线或有很短的上影线，下影线远长于蜡烛线的实体。上吊阳线出现在不同的价位区，代表的意义也不同。股价在探底过程中成交量萎缩，之后随着股价的逐步攀高，成交量呈逐渐放大状态，并最终以阳线报收形成低位上吊阳线，则后市看涨；如果在高价位区域出现上吊阳线形态，并且股价走出尾盘拉高形态，则有可能是主力在拉高出货，需要留心

续表

基本形态	形态示意图	介　绍
下影阳线		下影阳线是指下影线比较长的阳线，与上吊阳线不同的是，下影阳线可以带一点上影线，但远短于下影线，通常其实体部分也大于上吊阳线。下影阳线表明多方的进攻沉稳有力，股价先跌后涨，股价有进一步上涨的潜力
上影阳线		上影阳线的上影线远长于下影线，说明多方上攻时上方抛压沉重。在上涨初中期，这种形态通常是主力的试盘动作，也说明浮动筹码较多，涨势不强，但也有可能是主力故意用冲高回落的方式震仓，应根据其他情况来综合判断
上影阴线		①上影阴线是一种带长上影线的阴蜡烛线，收盘价低于开盘价
上影十字星		②上影十字星是带长上影线和短下影线的十字星线。十字星线是指收盘价和开盘价在同一价位或相近，没有实体或实体极其微小的特殊蜡烛线，虽有阴阳之分，但实战的含义差别不太大，远不如十字星本身所处的位置重要
倒 T 字线		③倒 T 字线又叫墓碑线，是带有长上影线而无实体或实体非常小的蜡烛线 　这三种蜡烛线形态中的任何一种出现在高价位区时，都说明上方抛压沉重，行情疲软，股价有反转下跌的可能。如果这种形态出现在中价位区的上升途中，则表明后市仍有上升空间
下影阴线		①下影阴线是带有长下影线而无上影线（或上影线很短），实体较短的阴蜡烛线
下影十字星		②下影十字星是带长下影线和短上影线的十字星线
T 字线		③T 字线的开盘价、收盘价和最高价相同，蜡烛线上只留下影线，如果有上影线也是很短的。T 字线信号强弱与下影线成正比，下影线越长，则信号越强 　这三种蜡烛线形态出现在低价位区时，都说明下档承接力较强，股价有反弹的可能
光头光脚阳线		光头光脚阳线是开盘价即当日最低价，收盘为当日最高价的阳线，这种形态表明多方已经牢固控制盘面，逐浪上攻，实体越长表明涨势越强烈
光头光脚阴线		光头光脚阴线是以当日最高价开盘，以最低价收盘形成的蜡烛线，若股价全天走出逐波下跌行情，说明空方力量强劲，后市继续看跌。若股价全天大多数时间横盘或缓涨，尾盘突然放量下跌，表明空方在交战后最终占据主导地位，次日低开的可能性很大

实战中蜡烛线的基本形态远不止上面介绍的这些，不过有些形态的意义不大，或者与上述某些形态意义相近，在此不再逐一列举。

1.2　成交量基础知识掌握

成交量是指一段时间内某项交易成交的数量。它是市场供需关系的表现，当交易物供不应求，市场活跃，买入氛围浓厚，成交量自然放大；反之，当交易物供过于求，市场冷清，买入氛围冷淡，成交量势必萎缩。因此，对成交量的分析是投资者研判股市行情的重要依据。

1.2.1　了解成交量中的常见说法

成交量是反映股价走势强弱的重要指标，投资者在进行技术分析时结合该指标使用，可以在一定程度上提高预判的准确性，因此，学习成交量指标的用法对技术派投资者来说是非常重要的。而对于新入市的投资者来说，了解成交量中的常见名词是学习成交量指标的第一步。

股市中从广义和狭义两个方面来定义成交量，广义的成交量包括成交股数、成交金额和换手率三个方面的内容；狭义的成交量仅仅指成交股数。

下面针对广义成交量中的这些常见名词进行具体介绍。

（1）成交股数

成交股数是成交量中最常见的名词，具体是指个股或大盘当日截至目前成交的股数。平时常提及的成交量其实指的就是成交股数，其以"股"为基本单位，但是在炒股软件上，A 股成交量以"手"为计算单位显示，股市中的交易最小量也是"1 手"，二者之间的关系为 1 手 =100 股。

成交股数一般用于观察个股在交易过程中相对的放量（缩量）情况，以此来对该股后市的走向进行预测。

比如个股这段时间每日的成交股数都非常大，说明市场交投活跃，投资者看好股票，放大的成交量对股价起到推动作用。下一阶段，每日的成交股数相对来说变小了，说明市场交投不活跃，可能是投资者惜售，是后市看好的表现，也可能是投资者看淡后市，较小的成交量对推动股价上涨起不了多大作用，后市股价下跌也是很有可能的。

但是，成交量也存在着明显的缺点，即该指标忽略了各股票流通量的差别，因此，难以精确表示出个股成交活跃的程度。比如，在某个交易日，对于流通盘为 1 亿股的个股来说，若当日的成交股数为 1 000 万股，那么 10% 的换手率能够反映出个股当日的交投情况相对来说还是比较活跃的。而对于流通盘为 10 亿股的个股来说，若当日的成交股数也为 1 000 万股，那么 1% 的换手率又显得个股当日的交投有一些低迷。

因此，成交股数不便于对不同股票进行横向比较，只能对同一只股票在不同时间内的成交情况进行纵向比较。

拓展知识 *什么是流通盘*

流通盘是指股票能在二级市场进行交易的流通量。上市公司发行的股票总量按其是否能够在二级市场进行交易，可以分为流通股和非流通股。其中，流通股包括流通 A 股、流通 B 股、流通 H 股及境外流通股。非流通股包括国家股、法人股、内部职工股、外资股、转配股、自然人股及优先股等。

（2）成交金额

成交金额是指个股或大盘当日截至目前的成交总金额，可以及时反映参与市场交易的资金量多少，人们通常所说的两市大盘多少亿的成交量就是指成交金额。

成交金额的基本统计单位是"元"，但是在炒股软件中都是以"万元"为统计单位。

在实战个股分析过程中，如果股价变动幅度很大，个股成交股数或换手率很难反映出主力资金的进出情况，而用成交金额就可以比较明显地反映出来。

（3）换手率

介绍成交股数和成交金额时已经提到了换手率，那什么是换手率呢？

换手率也称"周转率"，是指在一定时间内市场中股票转手买卖的频率，是反映市场交投活跃程度最重要的技术指标之一。通常股票的换手率越高，意味着该股的买卖越活跃，投资者对其购买的意愿越高，属于热门股；反之，股票的换手率越低，则表明该股少有人关注，属于冷门股。

一般情况下，大多数股票每日换手率为 1% ～ 25%，根据长期的经验总结，不同范围内的换手率，其代表的意义也是不同的，具体见表 1-3。

表 1-3 换手率取值代表的意义

换手率取值范围	意　义
1% ～ 3%	说明市场当前交易较为冷清，交投氛围较淡，主力介入资金较少，大部分为散户资金。成交量小也表明股价上涨或下跌没有足够的动力，股价趋势不明朗，可能维持震荡横盘的走势。此时投资者不宜介入，可以继续观望，待股价放量突破后再介入
3% ～ 7%	说明市场此时交易稍有起色，股票交易状态稍显活跃，主力利用小部分资金进行试盘，试探盘中接盘量的大小，测试盘中交易的活跃度。此时股价后市趋势仍不明朗，由于主力只是试盘，因而少量的资金介入无法带动股价上涨，股价后市可能在试盘的带动下微幅上涨，之后便继续回落。此情况出现时，投资者仍应持观望态度，待主力完成试盘后再行介入
7% ～ 10%	说明此时盘中交易较活跃，市场交投氛围浓厚。主力有大笔资金介入该股，可能已经完成试盘动作开始进行拉升。较高的成交量水平说明主力资金雄厚且足以带动股价稳步上升。此时股价走势较明朗，在不同的位置，投资者的操作策略不同 ①若股价处在底部突破区域，则后市上涨的可能性极大，投资者在此时可以建仓介入 ②若股价处在高位见顶区域，则后市反转下跌的可能性很大，投资者宜卖出观望
10% ～ 15%	说明股票交易非常活跃，市场热度非常高，交投氛围高涨。此时主力有大笔资金介入，股价上涨动力十分强大，股价大概率会拉升 ①若股价处于拉升阶段，则后市将继续上涨，此时投资者可买入股票，持股待涨，后市将获利丰厚 ②若股价处于高位见顶区域，则可能有所回落，此时投资者要谨慎追高

续表

换手率取值范围	意　义
15%～25%	说明股票交易极度活跃，市场交易氛围浓厚，交投过热 ①若股价处于上涨走势之中，投资者在介入的同时应注意涨幅是否过大，随时提防主力出货 ②若股价处在高位见顶区域，则说明此时主力在出货，投资者应及时卖出

拓展知识 *换手率超过25%的市场意义*

　　若个股当日换手率在25%以上，说明股价表现异常，成交量呈非理性放量状态，市场交投异常活跃，属于过火的情况。若股价强势上涨，说明其离顶点不远，随时可能下跌，投资者此时不宜介入，若已经持有，应尽快清仓出局。在图1-14中，冠城大通（600067）在2022年3月中旬经过一波无量的强势拉升后创出5.18元的阶段高价，当日换手率达到25.69%，之后股价见顶转入下跌。

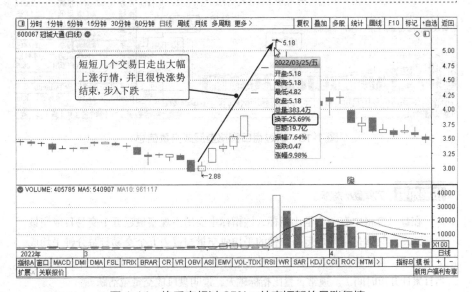

图1-14　换手率超过25%，结束短暂的暴涨行情

1.2.2　在炒股软件中如何查看成交量信息

　　在炒股软件中，成交量指标位于软件的副图窗口中，由一根根成交

量柱组成，量柱的高低表示成交量的大小。而要查看当日成交量的具体信息，如成交股数、换手率，可以通过炒股软件右侧的盘口窗格查阅，其中，"总量"即为成交股数，"换手"即为换手率。

例如，在图 1-15 中，新华制药（000756）在 2023 年 4 月 21 日的总量显示为 576710，表示成交股数是 576710 手（即 57 671 000 股）；换手显示为 13.09%，表示该股当日的换手率为 13.09%。

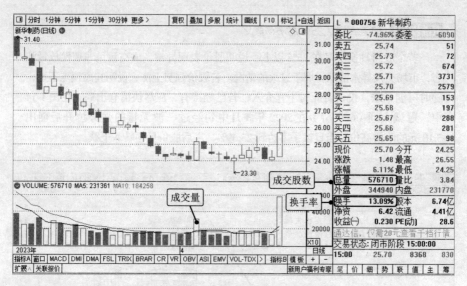

图 1-15 通过盘口窗格查阅成交量信息

拓展知识 *了解量比指标*

在盘口窗格中有一个量比指标，该指标主要用于观察最近五个交易日成交量的活跃度，具体是指开市后每分钟的平均成交量与过去五个交易日每分钟平均成交量之比，其计算公式为：量比 = 现成交总手 ÷（过去五日平均每分钟成交量 × 当日累计开市时间）。通常，量比指标越大，说明盘口成交量越活跃。

在盘口窗格中是查阅不到成交总额的，如果要查阅个股的成交总额信息，可以使用另外两种查阅成交量信息的方法，这两种查阅方法也适用于对历史某个交易日的成交量信息的查阅。

◆ 方法一

将鼠标光标指向某个交易日的蜡烛线，此时会弹出一个信息列表，其中，成交股数和换手率分别以"总量"和"换手"显示，成交总额则以"总额"显示。

◆ 方法二

将鼠标光标指向蜡烛图窗口的任意位置，按【←】或【→】键，程序会打开一个浮动窗格，再将鼠标光标指向需要查阅的交易日对应的蜡烛图，即可在浮动窗格中查阅当日的成交量信息。

图 1-16 为用以上两种方法查阅到的新华制药 2023 年 2 月 28 日的成交量信息，从图 1-16 中可以看到，当日的成交股数为 657 036 股，成交总额为 20.30 亿元，换手率为 14.91%。

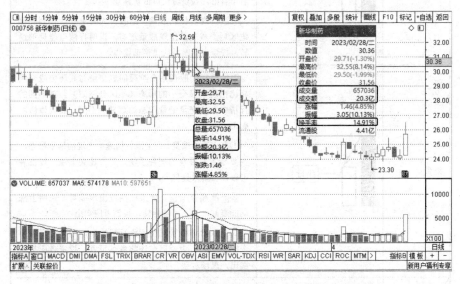

图 1-16　通过列表和浮动窗格查阅历史交易日的成交量信息

1.2.3　认识成交量的各种形态

对成交量的分析，很多情况下都是看成交量的形态，下面就对成交量的基本形态、常见形态和特殊形态进行详细的解析。

（1）成交量的基本形态

放量、缩量和量平是成交量的基本形态，这三种形态对投资者研判行情走势有非常大的参考价值。各形态的具体介绍见表 1-4。

表 1-4　成交量基本形态介绍

基本形态	形态示意图	介　　绍
放量	放量	放量是指个股在某个阶段的成交量与其历史成交量相比，出现明显增大的形态（不区分阴阳）。在股价低价位区和高价位区中，成交量放量形态的意义不同，具体情况如下： ①股价低价位区放量。当股价深幅下跌运行到低价位区后，成交量出现放量形态，说明行情可能见底，后市看好，投资者可以低价建仓 ②股价高价位区放量。当股价大幅上涨运行到高价位区后，成交量出现放量形态，说明行情可能见顶逆转，投资者此时就应该谨慎操作
缩量	缩量	缩量是指个股在某个阶段的成交量与其历史成交量相比出现明显变小的形态（不区分阴阳）。在不同的行情中，成交量缩量形态的意义也不同，其具体情况如下： ①上涨途中缩量。在上涨行情途中出现的缩量形态，主要是主力震仓的一种手法，后市还会上涨，投资者可以在该阶段逢低介入 ②上涨高位缩量。如果在高位出现缩量，说明上涨动能衰减，后市可能逆转，投资者应卖出 ③下跌途中缩量。在下跌行情途中，如果成交量出现缩量形态，说明后市还将继续下跌，投资者应果断卖出，离场观望
量平	量平	量平是指在一段时间内，成交量的总体趋势持平的状态，根据一段时间内成交量量平时的量能大小可分为量大平、量中平和量小平，具体的实际用法会在后面的章节中详细介绍

（2）成交量的常见形态

成交量的常见形态是从成交量的基本形态衍生出来的，共有七种常见形态,分别是温和放量、温和缩量、快速放大量、快速出小量、量大平、量中平和量小平。下面对这些常见形态进行具体介绍,见表1-5。

表1-5 成交量常见形态介绍

常见形态	形态示意图	介 绍
温和放量		温和放量也称逐渐放量,具体是指随着时间的推移,成交量逐步增大的形态 ①在上涨初期出现温和放量形态,表示后市看好,投资者可以在低位建仓 ②在上涨后期出现温和放量形态,行情有可能出现转势,此时投资者需要认真分析,谨慎入市
温和缩量		温和缩量也称逐渐缩量,具体是指随着时间的推移,成交量逐渐减小的形态 ①在上涨初期出现温和缩量形态,有可能是主力在批量抛售部分股票后导致的成交单减少,这种情况下,后市还有一段上升行情,因为这是主力故意压价的行为,方便后市再次买进。投资者可密切关注,择机买入 ②在上涨后期出现温和缩量形态,有可能是主力将股价拉升到高位后全部出货,量能在后续跟不上导致的缩减。这是行情转势的信号,股价将下跌,投资者要及时出局
快速放大量		快速放大量就是成交量在持续较小量后突然出现很大的成交量 ①在上升行情的初期、中期或在下降行情的末期出现快速放大量形态,都是投资者做多的好时期,投资者可以在低位逢低吸纳买入 ②在上升行情的末期或下跌行情的初期和中期出现快速放大量形态,都是后市不被看好的含义,投资者可以选择空仓观望
快速出小量		快速出小量就是在连续出现很多大的成交量后突然出现较小成交量 ①在上升行情或在下降行情的初期和中期出现快速出小量形态,此时投资者不适宜入市 ②在下降行情的末期出现快速出小量形态,此时由于做空局势已经基本稳定,投资者可以分批建仓

续表

常见形态	形态示意图	介　绍
量大平		不同行情中，量大平的市场意义如下： ①在上涨行情的初期出现量大平形态，主要是由于多方主力采取稳扎稳打的策略，步步为营推高股价，后市看涨，投资者此时可跟着主力做多 ②在上涨行情的末期出现量大平形态，可能是主力出货的表现，主力一旦完成派发，行情就会步入下跌，因此投资者可跟随主力退出观望
量中平		不同行情中，量中平的市场意义如下： ①在上涨行情中出现量中平形态，投资者要谨慎做多 ②在下跌行情中出现量中平是由于下跌趋势已经比较明显，持股者已在陆续出货造成的，后市继续看跌，投资者要跟随出局
量小平		不同行情中，量小平的市场意义如下： ①在上涨行情的中期出现量小平形态，说明主力很强，投资者可以继续持股做多 ②在上涨行情的末期出现量小平形态，投资者还可持股一段时间，因为主力大概率不会在此段时间内大批出货 ③在下降行情的初期或中期出现量小平形态，后市将继续下跌，投资者应全线做空 ④在下降行情的末期出现量小平形态，一般是行情见底的表现，但是由于上涨还未完全明朗，因此投资者最好分批建仓

（3）成交量的特殊形态

成交量的特殊形态一般是指天量形态与地量形态，这两种成交量形态是相对于正常情况下的交易量而言的，对投资者分析股价走势有重要意义。

◆ 天量形态

天量是指成交量在股价运行过程中突然放出一根巨大的量柱，远远超越前期，且至少是前一天成交量的两倍以上。

图 1-17 中股价在 2022 年 12 月底创出 32.18 元的低价后止跌，之后

出现缓慢拉升行情，同一时期的成交量相对来说还比较稳定，但是在2023年3月31日，成交量突然拉出一根天量，推动股价出现明显的上涨。

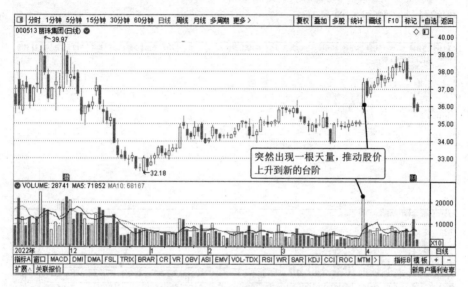

图 1-17　天量推动股价上涨

但是，不是所有的天量都对股价有推动作用，实战中，不同阶段出现的天量成交所表达的含义是不一样的。投资者要重点关注的是出现在上涨途中的天量，而下跌过程中的天量对于普通投资者来说风险较大。

当个股在上升过程中出现天量后，投资者需要掌握以下操作要点。

①当后量超越天量，且股价突破放天量当天的最高价，则天量法则成立。如果后续的股价不能突破天量当日高点，甚至当日的低点被击穿，则天量法则不成立，投资者也应放弃，不可盲目追高买入。

②在天量法则成立之后，投资者应该先半仓介入。因为股价在冲高过程中往往会出现震荡格局，而震荡后出现的拉升才是全仓介入的时机。

③天量出现后，有些个股在一段时期内很可能会出现回落走势，这一调整过程一般会持续 6～18 个交易日。如果投资者操作得当，不仅可以回避调整期，提高资金利用率，也可以更好地把握建仓和加仓良机。

◆ 地量形态

地量就是指个股成交量呈现出极度缩小的状态，而且一般还具有一定的持续性，如图 1-18 所示。

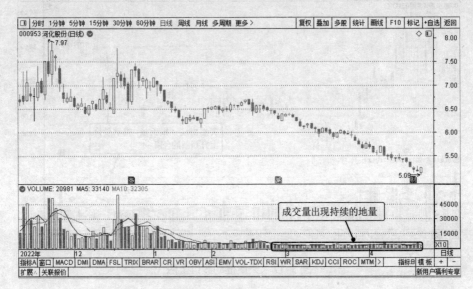

图 1-18　股价下跌过程中出现持续的地量形态

地量往往出现在个股下跌行情末期，是市场走势可能在一段时间内持续低迷的重要信号。这主要是因为股票经过长期阶段性大幅下跌后，多方已丧失了投资信心，持股的投资者不愿意再低价抛售股票，而持币的投资者对该股后市走势迷茫，也不敢轻易进场抢反弹，于是成交低迷出现地量。

当地量，尤其是持续性的地量出现后，投资者还是不要轻易介入。如果后续结合其他基本面、技术面的分析发现股价有转折迹象，此时再试探着买进，可能会有不错的收益。

1.2.4　认识分时图中的成交量

前面介绍的都是与蜡烛线周期一致的成交量，如日蜡烛线对应的成交量也是以日为计算周期。其实，蜡烛图还有对应的即时分时走势图，通常称为分时图，该图中就详细显示了个股即时走势中股票的买卖成交量。通常双击蜡烛线即可打开其对应的分时图，如图 1-19（上）所示，在分时图下方的窗格中显示的竖线即为成交量，如图 1-19（下）所示。

图 1-19　分时成交量

分时成交量的颜色有三种，分别是红色、绿色和黑色（同一炒股软件中，不同配色方案下，三种颜色可能显示不一样，例如，如果炒股软件的背景色为黑色，此时分时图中的黑色分时成交量显示为白色柱线。另外，不同的炒股软件中，这三种颜色也可能不一样）。不同颜色的分时成交量代表的意义不同，具体如下：

- 红色柱线：表示价格上涨过程中成交的量，即在一个价位上，先有买家挂买单买入，才有卖家挂单卖出成交产生的成交量。

- 绿色柱线：表示价格下跌过程中成交的量，即在一个价位上，先有卖家挂卖单卖出，才有买家挂单买入成交产生的成交量。

- 黑色柱线：表示价格不变过程中成交的量，即同一时间的同一价位上刚好有买卖双方挂单交易产生的成交量。

拓展知识 **设置分时成交量的显示颜色**

为分时成交量设置不同的颜色，可以通过颜色更加直观地看到该位置价格的涨跌变化。如果分时图中的成交量没有进行颜色区分，投资者可以手动设置。不同的炒股软件，其设置可能存在不同。这里以通达信炒股软件为例进行讲解，具体操作如下：在蜡烛图界面中直接按【Ctrl+D】组合键打开"系统设置"对话框，单击"设置4"选项卡，在左下方选中"分时图中成交量用涨跌红绿色显示"复选框，单击"确定"按钮即可完成设置，如图1-20所示。

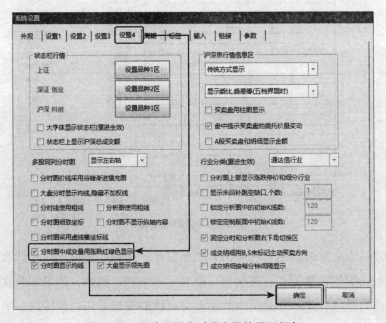

图1-20　手动设置分时成交量的显示颜色

1.3　蜡烛图与成交量的结合形态

在技术分析中，任何一个技术单独使用都存在一定的不准确性，但将多个技术进行综合使用，多个指标同时发出看涨、看跌信号时，就能增强该信号的可靠性。

蜡烛图与成交量的结合就是常见的技术指标配合使用方法，并且更多的是从二者的结合形态上进行分析。总的来说有两种结合形态，即蜡烛图与成交量的配合形态和背离形态，下面就来分别进行具体介绍。

1.3.1　蜡烛图与成交量的配合形态

蜡烛图与成交量的配合形态也称为量价配合形态，它是指股价的涨跌与成交量的增减成正比，即股价与成交量运行变化的方向一致，具体为成交量增加，股价上涨；成交量减少，股价下跌；成交量保持水平变化，股价也保持水平变化。

因此，蜡烛图与成交量配合形态共有三种：分别是量增价涨、量减价跌和量平价平。

各形态的示意图及具体的市场意义见表 1-6。

表 1-6　蜡烛图与成交量的配合形态介绍

配合形态	形态示意图	介　　绍
量增价涨		量增价涨又称量增价升，具体是指股价随着成交量的放大而上涨 ①在上涨初期或上涨途中出现量增价涨配合形态，说明场外资金不断注入，后市看涨，为买入信号 ②在上涨末期出现量增价涨配合形态，通常是主力在借高位出货，发出后市即将逆转的信号 ③在下跌初期或下跌途中出现量增价涨配合形态，往往是股价在反弹，当量能不能继续放大时反弹结束 ④在下跌末期出现量增价涨配合形态，通常股价不会立即出现大幅上涨行情，而是会经历一波回落调整

续表

配合形态	形态示意图	介　绍
量减价跌	 股价 成交量 *o*　　　　时间	量减价跌是指股价在成交量减少的同时出现下跌走势 ①在上涨初期出现量减价跌形态是股价正常的回落调整，后市看涨 ②在上涨途中出现量减价跌形态多为主力在震荡清理浮筹，后市看涨 ③在上涨末期出现量减价跌形态，说明主力开始出货，若随后股价走势疲软，则行情可能发生逆转 ④在下跌初期出现量减价跌形态，且在几个交易日内成交量也未见明显增加，是后市看跌的信号 ⑤在下跌途中出现量减价跌形态，后市股价将继续下跌，投资者应持币观望 ⑥在下跌末期出现量减价跌形态，说明行情即将探底，短时间内股价可能在反弹之后创新低
量平价平	 股价 成交量 *o*　　　　时间	量平价平是指成交量在一定范围内水平波动的同时，股价出现横盘波动走势 ①在上涨初期出现量平价平形态，表明多空双方暂时取得平衡，后市方向不明，投资者应以观望为主 ②在上涨的途中出现量平价平形态，说明市场观望气氛较重，投资者应谨慎看多，但需要防止股价回调 ③在上涨末期出现量平价平形态，表明股价滞涨，随时可能反转下跌，投资者宜清仓观望 ④在下跌途中出现量平价平形态，如果均线仍为空头排列，表明股价并未止跌，后市仍有下跌空间 ⑤在下跌末期出现量平价平形态，做空量能被充分释放，若此时量能极度萎缩，说明底部不远，投资者可逐步建仓

1.3.2　蜡烛图与成交量的背离形态

蜡烛图与成交量的背离形态也称为量价背离形态，它是指股价的涨跌与成交量的增减成反比，即股价与成交量运行变化的方向相反，具体为成交量增加或维持水平，股价下跌；成交量减少或维持水平，股价上涨；股价保持水平变化，成交量上涨或下跌。

　　因此，蜡烛图与成交量背离形态共有六种：分别是量增价跌、量平价跌、量减价涨、量平价涨、量增价平和量减价平。各形态的示意图及具体的市场意义见表 1-7。

表 1-7　蜡烛图与成交量的背离形态介绍

配合形态	形态示意图	介　绍
量增价跌		量增价跌是指随着成交量的放大，股价不涨反跌的走势 ①在上涨初期或上涨途中出现量增价跌形态，是主力在震仓清理浮筹，只要股价在均线位置获得支撑，就会继续上涨 ②在行情顶部出现量增价跌形态，说明主力可能正在大批出货导致价格下跌，行情即将或已经反转 ③在下跌末期出现量增价跌形态，说明有资金接盘，后期有望形成底部或产生反弹
量平价跌		量平价跌是指成交量在一定范围内水平波动的同时，股价出现下跌的走势 ①在上涨初期或上涨途中出现量平价跌形态，只要股价不跌破 60 日均线，后市继续看多 ②在上涨末期出现量平价跌形态，说明股价在拉升到一定高度后，市场追涨力度下降，后市看跌 ③在下跌初期或下跌途中出现量平价跌形态，股价将继续下跌，后市看空 ④下跌末期出现量平价跌形态，若成交量为量小平，说明股价运行到低位区，后市可能出现见底回升的行情
量减价涨		量减价涨又称量减价升，具体是指股价随着成交量的减少而上涨 ①在上涨初期或下跌末期出现量减价涨形态，股价上涨无量配合，说明上涨高度有限，后市可能会出现回落下调或横盘整理 ②在上涨途中出现量减价涨形态，通常是主力大量吸筹后锁仓拉升股价的表现，后市会继续上涨 ③在上涨末期出现量减价涨形态，是强烈的行情逆转信号，后市将进入下跌行情 ④在下跌初期或下跌途中出现量减价涨形态，说明价格会反弹，但是如果成交量不能反转放大，股价反弹将很快结束，后市继续下跌

续表

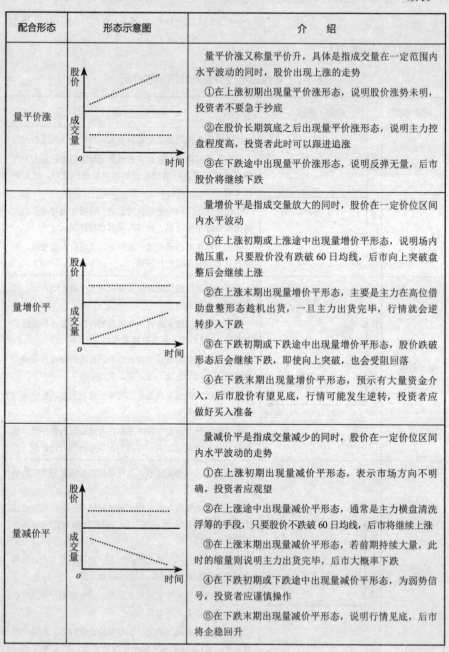

配合形态	形态示意图	介 绍
量平价涨		量平价涨又称量平价升，具体是指成交量在一定范围内水平波动的同时，股价出现上涨的走势 ①在上涨初期出现量平价涨形态，说明股价涨势未明，投资者不要急于抄底 ②在股价长期筑底之后出现量平价涨形态，说明主力控盘程度高，投资者此时可以跟进追涨 ③在下跌途中出现量平价涨形态，说明反弹无量，后市股价将继续下跌
量增价平		量增价平是指成交量放大的同时，股价在一定价位区间内水平波动 ①在上涨初期或上涨途中出现量增价平形态，说明场内抛压重，只要股价没有跌破60日均线，后市向上突破盘整后会继续上涨 ②在上涨末期出现量增价平形态，主要是主力在高位借助盘整形态趁机出货，一旦主力出货完毕，行情就会逆转步入下跌 ③在下跌初期或下跌途中出现量增价平形态，股价跌破形态后会继续下跌，即使向上突破，也会受阻回落 ④在下跌末期出现量增价平形态，预示有大量资金介入，后市股价有望见底，行情可能发生逆转，投资者应做好买入准备
量减价平		量减价平是指成交量减少的同时，股价在一定价位区间内水平波动的走势 ①在上涨初期出现量减价平形态，表示市场方向不明确，投资者应观望 ②在上涨途中出现量减价平形态，通常是主力横盘清洗浮筹的手段，只要股价不跌破60日均线，后市将继续上涨 ③在上涨末期出现量减价平形态，若前期持续大量，此时的缩量则说明主力出货完毕，后市大概率下跌 ④在下跌初期或下跌途中出现量减价平形态，为弱势信号，投资者应谨慎操作 ⑤在下跌末期出现量减价平形态，说明行情见底，后市将企稳回升

第 2 章

借助蜡烛线组合找准买卖点

蜡烛线可以很好地反映当日的四个关键价格数据，但是不能很好地反映当日的走势情况，因此，投资者通常不会以单根蜡烛线的形态来指导实战的买卖点确认。为了提升准确性，投资者可以使用蜡烛线组合形态寻找买卖点，常用的有两根蜡烛线组合和三根蜡烛线组合，本章就来具体介绍这些形态的构成及其实战用法。

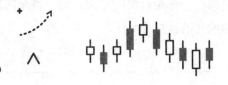

2.1　蜡烛图双线组合解析

蜡烛图双线组合是指由两根蜡烛线构成的组合形态。常见的蜡烛图双线组合包括平底线组合、向上跳空组合、并列阳线组合、双针探底组合、平顶线组合、向下跳空组合和乌云线组合等。下面具体对这些形态及其用法进行讲解。

2.1.1　平底线组合

平底线组合又称"镊底"组合或"平头底"组合，是由两根不分阴阳的蜡烛线组合而成，即两根蜡烛线可前阴后阳，或前阳后阴，或前后同阳，或前后同阴，几种形态发出的买入信号没有区别。

平底线组合中的两根蜡烛线不一定都带有下影线，该形态的关键点就是蜡烛线的最低价要尽量保持齐平，即蜡烛线的最低价相同或相差很小，图 2-1 为常见的平底线组合示意图。

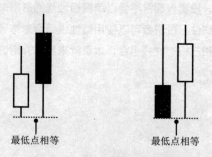

图 2-1　平底线组合示意图

在平底线组合中，若两根蜡烛线都带有下影线，则下影线越长，越具有可信的价值。

平底线是比较容易形成的组合形态，但是只有出现在底部的平底线才能发出可信的买入信号，对于其他位置出现的平底线组合，投资者都要谨慎操作。底部也分为两种情况：一种是行情的底部，另一种是阶段的底部，下面分别介绍这两种底部中的平底线应用。

◆　行情底部的平底线应用

行情的底部也可以称为大底，它是下跌行情末期的低价位区，后市即将反转向上。由于行情依旧处于下跌中，此时到底是下跌行情的阶段底部还是大底，其实是很难预测的，尤其是一些一跌就是好几年的个股，要识别大底更加困难。

此时，除了通过下跌幅度来判断行情是否见底，还可以借助历史低点来作为判断依据，即如果股价跌到了前期的低点附近受到支撑止跌，同时出现了平底线组合，此时即可将其视为大底平底线，激进的投资者可以轻仓介入做多。

◆　阶段底部的平底线应用

如果在上涨过程的阶段底部出现平底线组合，还要看此时的底部所处的位置，如果是上涨行情的初期或途中，那么平底线组合发出的买入信号是相对可信的，投资者介入也是比较安全的。

如果此时行情已经处于大幅上涨高位，在回调低位出现的平底线组合就存在一定的风险，投资者不仅要谨慎做多，还要从多方面分析股价是否具备继续上涨的可能，以此来规避行情的见顶风险。

拓展知识　*由大阴线和大阳线构成的平底线组合应用*

如果构成平底线的两根蜡烛线，前一根是大阴线，后一根是大阳线，则说明前一日空头占据市场，能够将股价压低到底部，后一日多头实力猛增，将前一日的失利全部收回，甚至可能收复更多。而且第二根阳线超越第一根阴线的程度通常和未来的股价上涨高度成正比，超越越多，后市上涨越猛烈。

下面来看一个具体的案例。

实例分析

普洛药业（000739）阶段底部平底线组合买入分析

图 2-2 为普洛药业 2020 年 2 月至 6 月的走势。

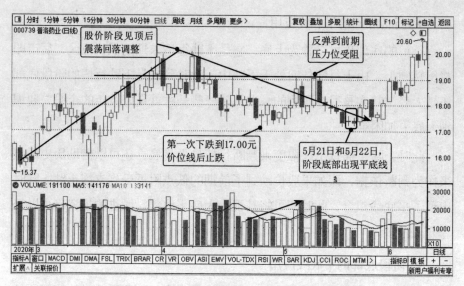

图 2-2　普洛药业 2020 年 2 月至 6 月的走势

从图 2-2 中可以看到，该股在 2020 年 3 月中下旬上涨到 19.00 元价位线后受阻，之后两次上冲 20.00 元价位线都失败，表明该股的这一波上涨结束，之后将进入调整中。

随着调整的继续，股价在 4 月下旬第一次下跌到 17.00 元价位线后获得支撑止跌，随后成交量相对放大，但是整体放大程度不及前期，因此，这波反弹在股价再次运行到 19.00 元价位线后结束。

但是在短短几个交易日后，股价再次运行到 17.00 元价位线止跌，说明该价位线的支撑作用还是值得信赖的。并且在 5 月 21 日和 5 月 22 日，该股都以 17.20 元的最低价收出小蜡烛线，形成标准的平底线组合形态。此时股价正好位于阶段底部，那么这个平底线是否可靠呢？

下面来缩小时间轴查看历史走势，分析此时的阶段底部在什么位置。

图 2-3 为普洛药业 2017 年 9 月至 2021 年 12 月的走势。

从图 2-3 中可以看到，这波上涨是从 2018 年 2 月开始的，在 2 月 7 日，该股创出 4.86 元的最低价后见底，不断震荡向上运行，在 2020 年 3 月底运行到 20.00 元价位线后阶段见顶。从最低的 4.86 元到此时的 20.00 元左右，该股涨幅约 312%。

从这个涨幅来看，显然此时股价已经运行到了高位区域，此时的顶部可能就是行情的顶部。因此，投资者不要看到平底线就盲目地买进，毕竟价格已经比较高了，一旦预判错误，可能会导致亏损。

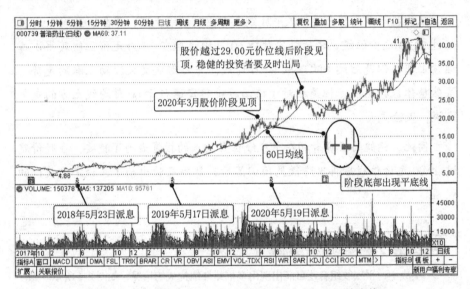

图 2-3　普洛药业 2017 年 9 月至 2021 年 12 月的走势

下面再从技术面和基本面来分析一下此时的平底线是否可以作为买点。

首先来看技术面，从整个上涨走势来看，该股多次受到 60 日均线的支撑，保护该股上涨形态不被破坏。而在平底线附近，60 日均线仍然保持较好的向上运行走势，因此，股价在此时受到支撑的概率比较大。

从基本面来看，2020 年 5 月 19 日，公司刚进行了一轮派息，这就说明公司业绩较好，对于该股来说是一个利好消息，这会在一定程度上推动股价继续上涨。

从历史走势来看，该股在这轮上涨中有过两次派息，第一次是 2018 年 5 月 23 日，当时每 10 股派现金 0.65 元。第二次是 2019 年 5 月 17 日，当时每 10 股派现金 1.10 元。这两次派息之后，该股都继续走出一波可观的上涨行情。

而 2020 年 5 月 19 日这次派息，当时每 10 股派现金 1.65 元，比前两次都多，更加说明此时公司经营良好，进一步提高该股后市继续上涨的概率。

结合这两个方面来看，虽然此时平底线所处的阶段底部的位置相对较高，但是还有其他积极面推动股价继续上涨，因此，这个位置也可以视为一个买入点。

从该股后市走势来看，在平底线之后该股继续上涨，并在 2020 年 8 月底越过 29.00 元价位线。之后股价跌破 60 日均线后在 20.00 元价位线获得支撑继续上涨，但是后续多次跌破 60 日均线，与之形成交叉波动上涨的走势，虽然整体保持上涨，但是相对于前面股价稳定运行于 60 日均线上方的走势来说，风险更大。

因此，稳健的投资者和在平底线位置买入的投资者为了稳妥，在股价越过 29.00 元价位线后再次阶段见顶回落后，就要及时出局了，锁定已获得的收益。

拓展知识 *了解平底线组合的其他形态*

实战中，平底线组合还可能出现由多根蜡烛线构成的情况，如图 2-4 所示。如果多根蜡烛线的最低点都相等或相差不大，则说明该价格的支撑作用更强，后市股价上涨的可能性更大。

另外，蜡烛线组合中第一根蜡烛线的最低价与间隔（一般不超过三根蜡烛线）相邻的某一根蜡烛线的最低价相等或相差不大，形成的平底线组合叫作间隔型平底线组合，如图 2-5 所示。该组合同样能发出股价止跌回升的买入信号。

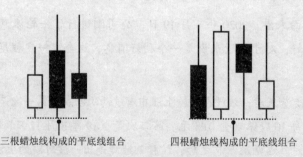

三根蜡烛线构成的平底线组合　　　　四根蜡烛线构成的平底线组合

图 2-4　多根蜡烛线构成的平底线组合示意图

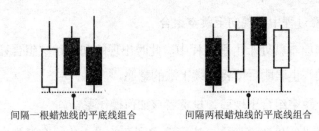

间隔一根蜡烛线的平底线组合　　　　间隔两根蜡烛线的平底线组合

图 2-5　间隔型平底线组合示意图

2.1.2　向上跳空组合

向上跳空组合由两根不分阴阳的蜡烛线构成，具体是指某日个股以高于上个交易日最高价的价格开盘，形成大幅高开的局面，一直到当日交易结束，最低价都没有跌破上个交易日的最高价，使得两根蜡烛线之间形成缺口，这样的形态就是向上跳空组合。

图 2-6 就是向上跳空组合的一般示意图。

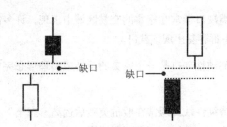

图 2-6　向上跳空组合示意图

向上跳空组合在横盘和上涨过程中都可能出现。

◆　横盘过程中出现向上跳空组合

若行情处于横向整理阶段，说明市场多空双方势力均等，后市走势呈现出不明朗的情况。若此时出现向上跳空组合，说明在此次博弈中，多方强势胜出，将股价突然向上跳跃性地推高。

从形态上看，向上跳空的蜡烛线打破了原本横向震荡的走势，若多方势力足够强大，向上跳空形态可能出现突破盘整高点的情况。因此，横盘过程中出现的向上跳空组合是行情变盘的标志，后市股价一般会继续上涨。

◆ 上涨过程中出现向上跳空组合

若行情原本就处于上涨过程中，此时出现的向上跳空组合显示出买方势力的强劲，也表明行情将继续上涨的意愿。

当向上跳空组合出现后，投资者该如何操作呢？

对于激进的投资者而言，为了追求利润的最大化，在遇到向上跳空组合后可以轻仓分批买进，持股待涨。对于稳健的投资者而言，可以在向上跳空组合出现后继续等待，因为缺口很快会回补（当然，如果涨势足够强劲，缺口可能不会立即回补），当股价回落到缺口附近的低位时再逢低买进更安全。

拓展知识 *了解缺口与回补缺口*

在蜡烛图中，缺口就是没有交易的价格范围。它有四种类型：分别是普通缺口、突破性缺口、持续性缺口和竭尽性缺口。

普通缺口。这类缺口通常在密集的交易区域中出现，许多需要较长时间形成的整理或转向形态中都容易出现该缺口。

突破性缺口。突破性缺口是一个密集的反转或整理形态完成后，突破盘局时产生的缺口。

持续性缺口。持续性缺口通常在股价突破后远离形态至下一个反转或整理形态的中途出现，是股价沿原方向持续运行的信号。

竭尽性缺口。竭尽性缺口通常出现在行情转势之前，若在上涨行情中出现，表示股价即将下跌；若在下跌趋势中出现，表示股价即将回升。

一般情况下，若一轮行情中出现了多个缺口，那么第一次出现的缺口叫作突破性缺口，第二次至倒数第二次出现的缺口都叫作持续性缺口，最后一次出现的缺口叫作竭尽性缺口。

除了突破性缺口不会立即回补以外，另外两种缺口都会较快回补。其中，中继性缺口在回补后会继续创出新高或新低，使得原来的趋势得以持续。竭尽性缺口在回补后不会继续创出新高或新低，而是会使原来的趋势发生改变。

图2-7为上涨行情中突破性缺口、持续性缺口和竭尽性缺口三种缺口的位置关系及其回补的示意图。

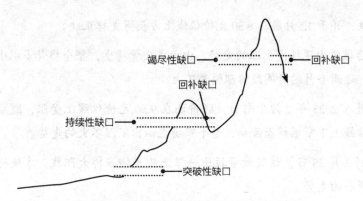

图 2-7　上涨行情中的缺口及回补缺口示意图

下面来看一个向上跳空组合的具体案例。

实例分析

九芝堂（000989）向上跳空组合买入分析

图 2-8 为九芝堂 2022 年 9 月至 2023 年 3 月的走势。

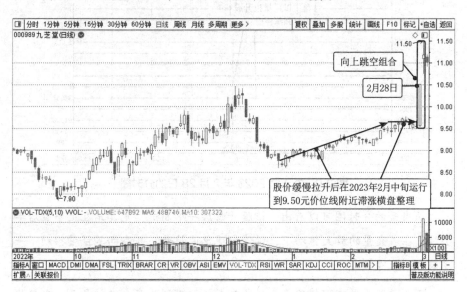

图 2-8　九芝堂 2022 年 9 月至 2023 年 3 月的走势

从图 2-8 中可以看到，该股在 2022 年 9 月下旬见底后经历了一波大幅上涨，最终在 12 月上旬运行到 10.50 元价位线下方受阻，阶段见顶。之后该股急速下跌，并于 12 月底在 8.50 元价位线上方获得支撑止跌。

之后该股出现缓慢上涨的走势。由于成交量稀少，整个拉升多以小蜡烛线为主，近两个月的时间股价涨幅都不大。

在进入 2023 年 2 月中旬后，股价还在 9.50 元价位线上受阻，随后一直在该价位线上下窄幅横盘波动，整个市场显示出不温不火的走势。

直到 2 月 28 日，该股放量拉出一根光头光脚涨停大阳线，才使得行情打破了原有的走势。

下面来看 2 月 28 日的分时图，如图 2-9 所示。

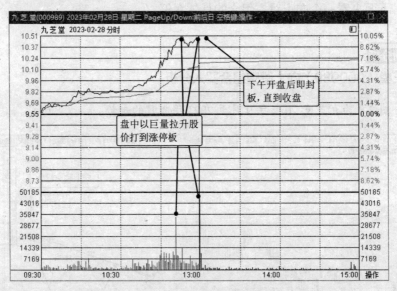

图 2-9　九芝堂 2023 年 2 月 28 日的分时图

从当天的分时图可以看出，该股开盘后一路高走，尤其是在上午最后半小时，在成交量的放大推动下，股价出现急速拉升，并在两笔巨量推动下一度被打到涨停板上。

下午该股更是以涨停价开盘后长期封板，直到收盘也未被打开，当日收出一根涨停的光头光脚大阳线。从这根大阳线可以看出该股的强势拉升走势。

次日，该股被更大的成交量推高，当日以高于上个交易日收盘价的价格跳空高开，之后股价便在高位震荡波动，直到收盘，以 6.37% 的涨幅收出一根阳线。该蜡烛线与上个交易日的涨停大阳线之间出现明显的缺口，形成了典型的向上跳空组合形态，使得股价出现了跳跃性的上涨，完全打破了股价的横盘走势，后市看涨。

对于激进的投资者来说，在 2 月 28 日放量收出涨停大阳线，突破前期盘整高点时就可以预测到上涨的开启，尤其在第二天出现向上跳空开盘时更加确定，于是买入追涨。

对于稳健的投资者来说，由于第二天收出的是小蜡烛线，涨势不是那么积极，说不定会有一波回调，因此，最好等到缺口回补时再逢低买进，相对更加安全，如图 2-10 所示。

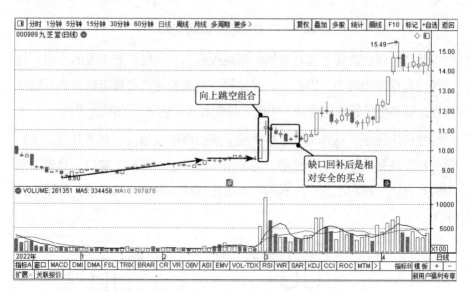

图 2-10　九芝堂 2022 年 12 月至 2023 年 4 月的走势

拓展知识　*什么是封板*

封板就是股价在达到涨停价或跌停价后（±10%），价格被封在停板价上，涨无可涨，或者跌无可跌的状态。

2.1.3 并列阳线组合

并列阳线组合是由两根相邻的阳线构成。标准形态中的两根阳线具有相同的开盘价和相同的收盘价，但是实际中这么标准的并列阳线不多，因此，可以将开盘价差不多且实体长度也相差不大的两根相邻阳线也视作并列阳线。

图 2-11 为常见的并列阳线组合示意图。

图 2-11　并列阳线组合示意图

并列阳线组合属于暂时整理的蜡烛线形态，一般起到中继的作用，对趋势没有扭转的能力。因此，上涨过程中出现的并列阳线组合形态一般能够发出后市继续看涨的信号，所以，投资者可以在该形态附近买入。

并列阳线组合越标准，后市继续上涨的概率就越大。如果并列阳线的第一根阳线是向上跳空的走势，与上个交易日之间形成了缺口，且第二根阳线也在这个缺口上方，这样的并列阳线也称为跳空并列阳线，如图 2-12 所示。

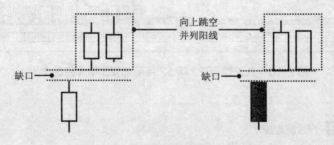

图 2-12　跳空并列阳线组合示意图

这是一种比较特殊的并列阳线，第一根阳线与上个交易日之间的缺口越大，其发出的买入信号就越强。

下面来看一个具体的案例。

实例分析

深赛格（000058）上涨途中并列阳线组合买入分析

图 2-13 为深赛格 2022 年 4 月至 11 月的走势。

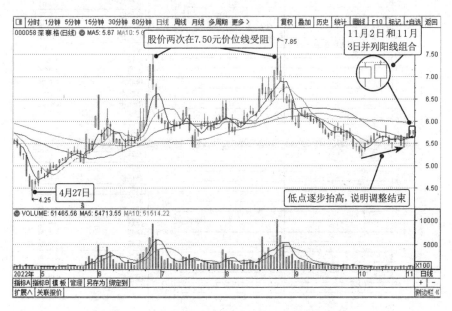

图 2-13 深赛格 2022 年 4 月至 11 月的走势

从图 2-13 中可以看到，深赛格在 4 月 27 日创出 4.25 元的底部价格后见底回升，之后该股一路震荡上涨，并于 2022 年 6 月底越过 7.00 元价位线，在 7.50 元下方形成明显的阶段顶部。

之后该股小幅回落，在经历了一个多月的整理后重拾升势，最终仍然在 7.50 元价位线受阻阶段见顶，说明该价位线对股价的压制作用很强。

随后股价一路滑落到 5.25 元价位线附近才止跌反弹，但是好景不长，股价小幅越过 5.50 元价位线后很快便回落，刚好在 5.50 元价位线止跌，相较于前期低点有明显的抬高，说明这波回调整理可能已经完成，后市大概率会继续上涨。

之后股价连续收阳拉升，但是在连续拉升的阳线中，2022年11月2日和11月3日的阳线都是以5.73元开盘，收盘价分别是5.78元和5.79元，如图2-14所示。

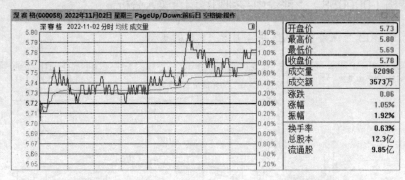

图2-14　2022年11月2日和11月3日的交易信息

两根阳线的实体几乎等高，这是典型的并列阳线组合形态，从此时形态所处的位置来看，是上涨途中，因此，更加能够确定股价止跌企稳，行情重拾升势，场外投资者可以将该形态视为一个买点，逢低吸纳介入。

下面来看并列阳线组合形成之后的走势。

图2-15为深赛格2022年7月至12月的走势。

从图2-15中可以看到，在并列阳线组合形成之后，该股继续稳步上涨，但由于市场中的推动力不足，整个上涨多以小蜡烛线维持。

2022年11月23日成交量突然放出天量推动股价快速上涨，打破了温和推高的步伐。之后在量能的配合下，股价仅用了十多个交易日的时间就从

6.00 元价位线附近被推到了 9.32 元的高价上。

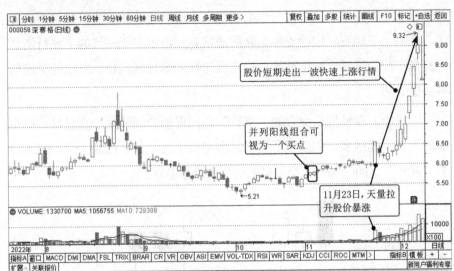

图 2-15 深赛格 2022 年 7 月至 12 月的走势

如果投资者在股价回调止跌后，结合并列阳线组合判断出行情将延续上涨的信号而买入该股，那么短期将获得不错的收益。

2.1.4 双针探底组合

双针探底组合由两根带长下影线的蜡烛线构成，该组合形态不区分蜡烛线的阴阳，即由同阳线、同阴线或由一阴一阳的两根蜡烛线构成的双针探底组合，均可以发出行情见底的信号，但是要求两根蜡烛线的最低价相等或差距非常小，如图 2-16 所示。

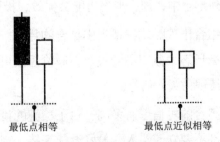

图 2-16 双针探底组合示意图

在双针探底形态中，收出的第一根长下影蜡烛线是股价触底的信号，第二根长下影蜡烛线是对前一根蜡烛线探底成功的确认。股价经过两次探底，证明了下档有较强的支撑，其后通常有一波不少于一周的上涨行情。尤其是在股价连续大幅下跌的低位出现这样的蜡烛线组合，发出的见底信号会更强烈。

实战中，双针探底组合的"双针"之间可能会间隔几个交易日，但相隔的天数不能过多，如果多于五根，形态就不是"双针探底"了。图 2-17 为"双针"之间间隔一个交易日的衍生形态示意图。

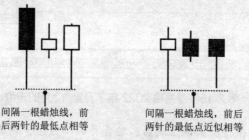

图 2-17　双针探底组合的衍生形态示意图

虽然双针探底能够发出底部确认的买入信号，但是也可能存在失效的情况，如双针探底形态所处的位置偏高，即前期的下跌幅度小于 20% 时，形态就可能是主力诱多的手段，之后行情可能出现长时间的调整。

因此，在蜡烛线形成双针探底形态时，投资者一定要冷静观察，结合个股当时所处的环境及个股特点决定是否入场。

通常，如果双针探底组合出现的位置在均线下方，尤其是均线正处于较为明显的空头排列形态中，那么形态可能会失效，投资者要谨慎买入。

如果双针探底组合出现时均线呈现出黏合的状态，股价还处于半年线或年线的上方，那么形态大概率不会失效，股价短期可能会迎来一波大幅上涨，投资者可将其视为买入信号。

无论双针探底组合的可信度有多高，对于稳健的投资者而言，当双针探底组合出现后，都不要立即买入，最好继续等待，观察第三个交易日的蜡烛线形态。如果双针探底组合形态出现后蜡烛线上涨，则股价大概率已经转势，此时投资者再入场就相对安全了。

下面来看一个具体的案例。

爱尔眼科（300015）下跌低位双针探底组合买入分析

图 2-18 为爱尔眼科 2021 年 6 月至 2022 年 3 月的走势。

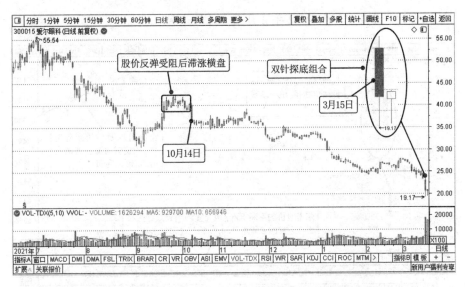

图 2-18　爱尔眼科 2021 年 6 月至 2022 年 3 月的走势

从图 2-18 中可以看到，该股在 2021 年 7 月 1 日创出 55.54 元的价格后见顶，之后经历了一波快速拉低，不到两个月时间，股价便落到 30.00 元价位线上方止跌，此时跌幅已经约为 46%。

之后股价暂时止跌并出现一波反弹，但是由于没有成交量的支撑，这波反弹上涨到 42.00 元价位线附近后出现滞涨横盘，最终该股在 10 月 14 日收出一根跌幅达到 8.54% 的大阴线，结束了反弹行情。

随着反弹的结束，该股继续震荡式下跌，并于 2022 年 3 月 15 日跌破 20.00 元价位线，当日以 11.49% 的跌幅收出一根带长下影线的大阴线，创出

19.17 元的阶段低价。

次日，股价低开后快速下跌，在创出当日的最低价 19.37 元后震荡上涨，最终以 1.26% 的涨幅收出上吊阳线，预示后市看涨。

从这两个交易日的蜡烛线来看，二者的最低价非常接近，仅有 0.20 元的差距，而且都带有长长的下影线，尤其是第二个交易日形成的上吊阳线，其下影线更是远超其实体长度。这两个交易日的蜡烛线形成了典型的双针探底组合，增强了股价见底的可能性，投资者可密切关注该股后期走势。

图 2-19 为爱尔眼科 2022 年 2 月至 8 月的走势。

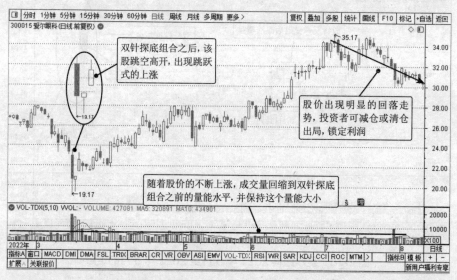

图 2-19　爱尔眼科 2022 年 2 月至 8 月的走势

从图 2-19 中可以看到，在双针探底组合之后，该股在随后以巨量大幅跳空高开，当日以 8.04% 的涨幅收出带长上影线的大阳线，推动股价出现跳跃式的上涨，说明市场中做多势能强大，该股后市应该有一波不错的上涨行情，投资者可适当建仓买进。

这里要注意谨慎操作，因为从该股之后一路震荡上涨阶段中的成交量来看，量能在双针探底形态出现后快速回到了之前的水平，并没有随着股价的上涨持续放大。因此，在缺少量能推动的情况下股价上涨的高度也不会太大。

最终，该股在 6 月底越过 34.00 元价位线，并在创出 35.17 元的阶段高价后出现了明显的回调走势。从这一段上涨来看，股价从 22.00 元价位线附近上涨到 34.00 元价位线附近，也有近 55% 的涨幅收益，还是算不错的了。

2.1.5　平顶线组合

平顶线组合又称为"钳子顶"组合或"平头顶"组合，是由两根不分阴阳的蜡烛线组合而成，即两根蜡烛线可前阴后阳，或前阳后阴，或前后同阳，或前后同阴，几种形态发出的卖出信号没有区别。

与平底线组合相似，平顶线组合判断的关键点是两根蜡烛线的最高价要尽量保持齐平，即蜡烛线的最高价相同或相差很小，图 2-20 为常见的平顶线组合示意图。

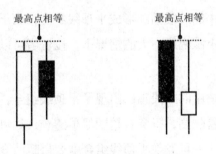

图 2-20　平顶线组合示意图

平顶线组合形态意味着在多头连续上冲过程中股价在相同的价位多次受到阻力，说明买方力量在衰减，不能继续将股价抬升到更高的位置。而卖方虽然希望股价能够继续上涨，但买方的心理价位已经形成，双方在这一价格线附近形成拉锯，价格很难继续上冲，行情见顶回落的可能性较大。

实战中，投资者在遇到平顶线组合形态后，还是要根据行情所处的位置和自己的操盘策略来决定是否卖出。

◆　行情顶部的平顶线操盘策略

行情的顶部也可以称为大顶，它是上涨行情末期的高价位区，后市即将反转向下。

因此，个股在经过长时间的大幅上涨运行到高位后收出平顶线组合，投资者要及时出局，锁定利润。尤其是当平顶线组合中的第二根蜡烛线为放量回落的大阴线时，投资者更应在形态形成当天主动减仓，若第三个交易日价格向下回落，则投资者应果断离场。

◆ **阶段顶部的平顶线操盘策略**

平顶线组合形态既可能出现在上涨行情的阶段顶部，也可能出现在下跌行情的阶段顶部。

如果在上涨行情初期的阶段顶部出现了平顶线组合，后市可能即将进入回落调整阶段。短线投资者可以减仓，锁定一部分收益，待行情重拾升势后再买进；中长期投资者则可以持仓不动。

如果在上涨途中的阶段顶部形成平顶线组合，由于个股的中长期趋势向好，尤其在前期上涨幅度不大的情况下，投资者可以多观察几个交易日再作出操作决策。

如果在下跌行情中的阶段顶部出现了平顶线组合，说明反弹结束，后市将继续下跌，位置越高，投资者越要尽早清仓，尽可能降低损失。而部分抢反弹的投资者，一旦发现平顶线组合就要果断清仓，防止反弹结束后股价持续下跌而被套。

拓展知识 *了解平顶线组合的其他形态*

与平底线组合的其他形态相似，平顶线组合也有其他两种形态。

第一种形态：平顶线组合还可能出现由多根蜡烛线构成的情况，如图 2-21 所示。如果多根蜡烛线的最高点都相等或相差不大，则说明该价格的压制作用更强，后市股价下跌的可能性更大。

第二种形态：第一根蜡烛线的最高价与间隔（一般不超过三根蜡烛线）相邻的某一根蜡烛线的最高价相等或相差不大，形成的平顶线组合叫作间隔型平顶线组合，如图 2-22 所示。该组合同样能发出股价见顶回落的卖出信号。

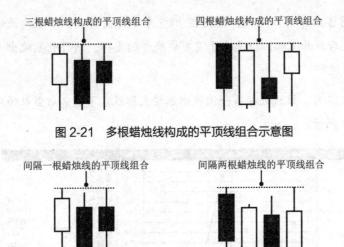

图 2-21　多根蜡烛线构成的平顶线组合示意图

图 2-22　间隔型平顶线组合示意图

下面来看一个具体的案例。

实例分析

中成股份（000151）上涨高位平顶线组合卖出分析

图 2-23 为中成股份 2022 年 3 月至 6 月的走势。

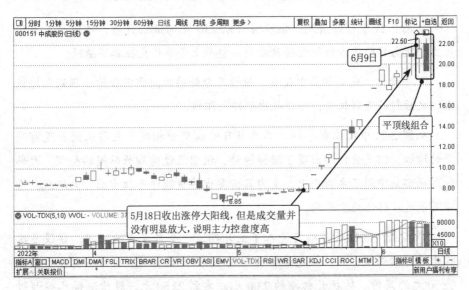

图 2-23　中成股份 2022 年 3 月至 6 月的走势

从图 2-23 中可以看到，该股在 2022 年 4 月底创出 6.85 元的低价后止跌企稳，之后拉升上涨，但是由于没有成交量的支撑，该股长期收出小蜡烛线缓慢向上运行。

5 月 18 日，该股近期第一次收出涨停大阳线。下面来看当日的分时图，如图 2-24 所示。

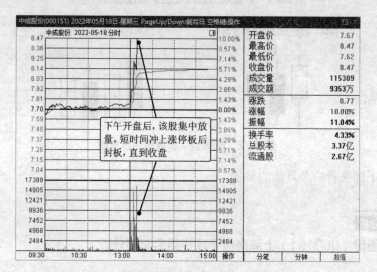

图 2-24　中成股份 2022 年 5 月 18 日的分时图

从图 2-24 中可以看到，该股当日以 7.67 元的低价开盘，之后一直围绕在上个交易日的收盘价附近横盘波动，整个上午市场交投都不活跃。

下午开盘，成交量集中放量，短短几分钟的时间就将股价推涨到涨停板上，之后封板直到收盘，当日收出涨停大阳线。

从图 2-23 中可以观察到，其实当日的成交量相较于之前来说并没有明显的增加，但是股价却出现了涨停拉升，说明经过前期长时间的整理，大部分筹码都集中到了主力手中，主力只需要少许量能即可拉出涨停大阳线，后市可能进入行情的主升期。

事实上，该股后市确实进入了主升期，一个月左右的时间，该股多次收出涨停蜡烛线，股价被急速拉升越过 20.00 元价位线，并于 6 月 9 日创出 22.50 元的高价。从拉升初期的 7.00 元左右到 22.50 元，股价涨幅已经超过

221%。面对如此巨大的涨幅，场内投资者要谨慎持股了。

次日，该股以 22.00 元的价格高开，短暂冲高创出 22.49 元的当日最高价后一路震荡下跌，当日以 10.02% 的跌幅收出跌停大阴线。而在高位滞涨区收出的大阴线，通常都是不好的预兆。

观察这两个交易日的蜡烛线可以发现，二者的最高价仅相差 0.01 元，属于典型的平顶线组合。在股价翻倍上涨后的高价位区出现这种走势，无疑是一种明确的看跌信号，机警的投资者在次日股价继续冲高失败后回落的过程中就应该出货了。

下面接着来看高位平顶线形成后的蜡烛线。

图 2-25 为中成股份 2022 年 4 月至 9 月的走势。

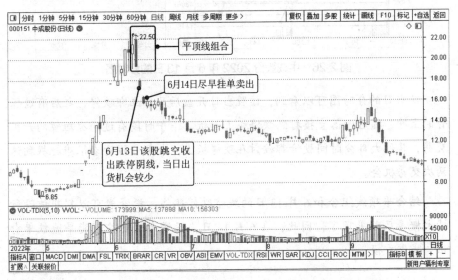

图 2-25 中成股份 2022 年 4 月至 9 月的走势

从图 2-25 中可以看到，该股在大幅上涨高位出现平顶线组合后，次日（6 月 13 日）便大幅跳空低开，当日以跌停阴线报收，使得蜡烛图中出现明显的向下跳空缺口，进一步表明上涨结束，接下来将有一波较大的调整，此时还未离场的投资者就要果断抛售了。

但是 6 月 13 日当天，投资者的离场机会还是比较少的，下面来看当日的分时图，如图 2-26 所示。

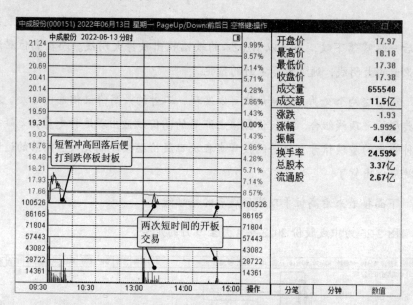

图 2-26　中成股份 2022 年 6 月 13 日的分时图

从当日的分时图可以看到，该股当日开盘后几乎立即跌停，之后有过短暂的上冲，随后回落直接打到跌停板上封板。下午时段有过两次短暂的开板交易，其他大部分时间股价都被封在跌停板上，大部分投资者很难把握到这两次交易机会。

结合平顶线组合和 6 月 13 日的跳空跌停阴线，投资者可以判断该股行情大概率已经见顶了，因此，在 6 月 14 日，投资者就要尽可能早地挂单卖出，减少亏损。

2.1.6　向下跳空组合

向下跳空组合在上个案例中已经初步介绍过了，具体由两根不分阴阳的蜡烛线构成，且第二根蜡烛线以低于上个交易日的最低价开盘，形成大幅低开的局面。同时，当日股价一直到收盘都没有突破上个交易日的最低价，使得两根蜡烛线之间形成缺口，这样的形态就是向下跳空组合。

图 2-27 为向下跳空组合的示意图。

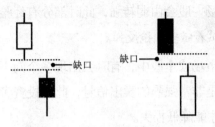

图 2-27　向下跳空组合示意图

拓展知识 *向下跳空的深层原因*

在股市中，个股向下跳空大部分由以下三点原因造成。

原因一：消息面利空。 即主力提前获知对该股走势不利的消息，所以，在市场反应过来之前大量卖出。

原因二：政策利空。 当出现政策利空时，会加重市场的看跌情绪，从而造成股价跳空大跌。

原因三：机构或大股东减持。 当股价运行到机构或大股东的预期心理价位后，机构或大股东可能会开始减持，带动股价出现跳空下跌。

向下跳空组合一般出现在下跌行情中。通常按缺口性质的不同分为向下突破缺口、向下持续缺口和向下竭尽缺口。不同的向下缺口代表的市场含义不同，投资者在遇到向下跳空组合时应根据缺口性质确定操作策略。

◆ 向下突破缺口

在下跌初期第一次出现向下跳空组合，形成向下突破缺口时，表示市场中的卖方正在大批出货，行情可能已经发生逆转，稳健的投资者要尽早卖出持股，将收益落袋为安。

◆ 向下持续缺口

在股价继续下跌的过程中出现了向下跳空组合，形成向下持续缺口时，表示市场中的卖方力量在不断增强，抛压越来越重，有经验的投资者通常会继续抛售持股，减轻仓位，以释放风险。但如果之后股价很快反弹并将缺口完全回补，市场一般会由弱转强，此时部分有经验的投资者可能就不会继续做空，而是试着做多，抢反弹。

在极端脆弱的市场或个股中，有时会出现多个向下持续缺口，代表着股价将持续下跌，是非常强烈的卖出信号，此时投资者要以持币观望的策略为主，尽早卖出才能降低损失。

◆ 向下竭尽缺口

在股价长时间大幅下跌后出现向下跳空组合，形成向下竭尽缺口时，表示空方力量开始衰竭，下跌动能释放殆尽，股价可能见底，行情可能发生逆转，因此，投资者不能盲目看空市场。

有经验的投资者此时可能会试着做多、抄底，但是股价继续下跌的风险仍然存在，所以，应该尽量轻仓参与。稳健的投资者最好在行情回补该缺口时再介入，相对来说要更安全一些。

拓展知识 *向下跳空组合补充说明*

在向下跳空组合中，出现的缺口越大，越能引起市场集体抛售，这种行为会进一步蔓延，促使价格下跌得更为迅猛，因此，投资者在下跌初期和下跌途中遇到大缺口的向下跳空组合时，更要果断出局。

下面来看一个具体的案例。

实例分析

中联重科（000157）向下跳空组合卖出分析

图 2-28 为中联重科 2020 年 10 月至 2021 年 3 月的走势。

从图 2-28 中可以看到，该股在这段时间中经历了一波大幅震荡拉升，从最低的 6.55 元到最高的 15.21 元，涨幅超过 132%。但是在 2021 年 1 月后，该股的涨势就稍显疲软，经常上涨几个交易日就调整一波。

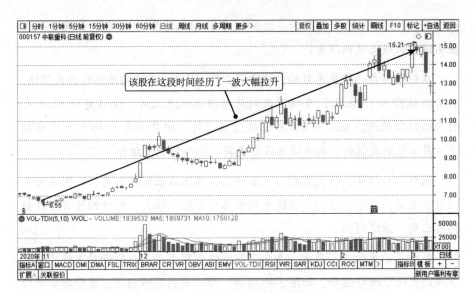

图 2-28　中联重科 2020 年 10 月至 2021 年 3 月的走势

下面放大 2021 年 1 月至 3 月这段走势来分析，如图 2-29 所示。

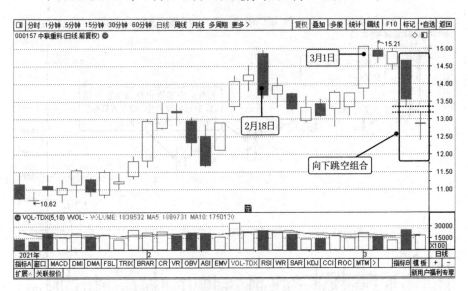

图 2-29　中联重科 2021 年 1 月至 3 月的走势

从图 2-29 中可以看到，该股在 2 月 18 日上涨到 15.00 元价位线下方受阻，之后在 3 月 1 日再次上涨触及 15.00 元价位线，但是次日便出现滞涨，最终创出 15.21 元的阶段高价。股价短时间内两次在 15.00 元价位线受阻，说明该价位线上的抛压重。

在短暂横盘两个交易日后，该股于 3 月 4 日以 9.19% 的跌幅收出大阴线，当日最低价为 13.36 元，直接下跌到前期回调低点上方。次日更以 12.86 元的价格跳空低开，虽然当日股价出现震荡上扬，但最高点 13.19 元也没有超过 3 月 4 日的最低价，两根蜡烛线形成明显的向下跳空组合。

虽然缺口较小，但是在翻倍上涨并高位滞涨后出现该形态，说明市场中的做空力量正在逐步增加，行情见顶回落的可能性较大，稳健的投资者最好抛售出局，锁定利润。

从该股后市的走势来看，在向下跳空组合形成后，该股开启下跌，并且多次出现向下跳空组合，如图 2-30 所示。每一次出现该组合，股价都会继续保持向下运行的趋势，因此，在这种一路下跌的弱市中，投资者只有尽早卖出，才能最大限度地减少亏损。

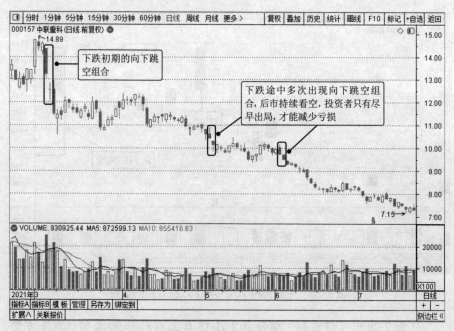

图 2-30　中联重科 2021 年 2 月至 7 月的走势

拓展知识 *了解除权和复权*

在了解除权和复权之前，首先要了解送配股。送配股包括送股和配股两个方面，具体说明如下：

①送股是指上市公司将利润或资本金转增以红股的方式分配给投资者，使投资者所持股份增加而获得投资收益。

②配股是股份有限公司在扩大生产经营规模、需要资金时，通过配售新股票，向原有股东募集资本金的一种办法。

上市公司在送配股后，公司的总股本会增加，但是由于总市值不变，每股的实际价值就会减少，股价降低并恢复实际价值的过程就是除权。

例如，某只股票当前的股价是 10.00 元，如果上市公司采取每 10 股送 10 股的分配方式进行送股，那么，在除权之后股价就从 10.00 元变成了 5.00 元。

这突然降低的股价会导致蜡烛图上出现一个大大的缺口，这个缺口对投资者的跳空分析有很大的影响，此时就需要对股价走势进行复权处理。

复权就是对股价和成交量进行权息修复，按照股票的实际涨跌绘制蜡烛图，并把成交量调整为相同的股本口径。

下面来看一个例子。

在图 2-31 中，ST 大集（000564）在 2021 年 12 月 31 日发生了权息变动，每 10 股送转股比例 22.036 股，因此，每股实际价值大幅减少，当日蜡烛图中就出现了一个大大的向下跳空缺口。将该股进行复权处理后，让蜡烛图按实际涨跌展示走势，可以发现 12 月 31 日当天与上个交易日之间形成的是向上跳空缺口。因此，遇到这种情况时，投资者要进行向上跳空和向下跳空组合应用，就需要将蜡烛图进行复权处理。

而复权又包括前复权和后复权，具体如下：

①前复权就是把除权之前的价格走势以除权之后的价格为基准，对价格缺口进行恢复对接，使蜡烛图保持连续性。

②后复权就是把除权之后的价格走势以除权之前的价格为基准，对价格缺口进行恢复对接，使蜡烛图保持连续性。

单纯地从蜡烛图的走势来看，前复权和后复权的走势是一样的，只是标注的价格不一样。

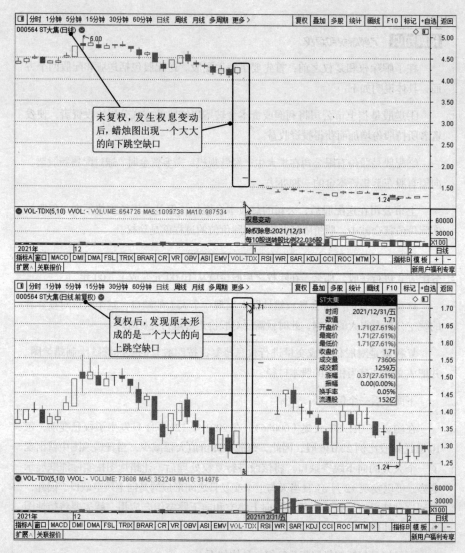

图 2-31　除权前后缺口性质发生变化

2.1.7　乌云线组合

　　乌云线组合也称乌云盖顶组合或覆盖线组合，是由两根蜡烛线构成，第一根蜡烛线为中阳线或大阳线，第二根蜡烛线为中阴线或大阴线，且在第一根阳线收盘价之上开盘，在阳线实体内收盘，收盘价深入第一根阳线实体一半以下。阳线实体被阴线覆盖得越多，说明多方的力量越弱，空方的力量越强，行情反转意味更强。第二根蜡烛线开盘初期的成交量也是很重要的分析指标，成交量越大，表示其中潜伏的卖盘越多，市场转向的可能性越大。图 2-32 为乌云线组合示意图。

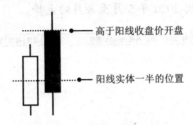

图 2-32　乌云线组合示意图

乌云线形态属于顶部反转形态，根据其出现的位置不同，可以分为上升乌云线、顶部乌云线和下降乌云线，具体介绍如下。

◆　上升乌云线

上升乌云线指的是在股价的上升阶段出现的乌云线。这是市场主力的刻意行为，目的是震仓清场，避免过多散户入场抢筹，股价后市还会上涨。所以，这样的上升乌云线传递给投资者的是看涨信号。

◆　顶部乌云线

顶部乌云线也称高位乌云线，只出现在股价的顶部位置，是一个可信度很高的见顶信号，通常组合中阴线的最高价常常是股价一轮上涨的顶点。

因此，当股价大幅上涨运行到行情高位后出现这样的蜡烛线组合，是强烈的卖出信号，投资者要坚决卖出离场，持币等待股价的回落。

◆　下降乌云线

下降乌云线是出现在下降过程中的蜡烛线组合，具体是在下跌途中的反弹高位区域，是反弹结束、股价加速下跌的先兆，发出可靠的卖出信号。当投资者在下跌初期的反弹高位遇到乌云线，应及时卖出股票止损；若在下跌途中抢反弹时遇到乌云线组合，也要果断卖出，以免后市急速下跌造成深度被套。

下面来看一个具体的案例。

实例分析

英特集团（000411）顶部乌云线组合卖出分析

图 2-33 为英特集团 2020 年 5 月至 8 月的走势。

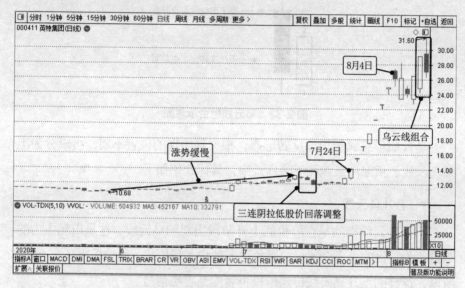

图 2-33　英特集团 2020 年 5 月至 8 月的走势

从图 2-33 中可以看到，该股在低位长时间窄幅调整后，在 5 月底创出 10.68 元的低价后企稳，之后股价回升步入上涨行情，但是由于没有足够的量能推动，股价涨势比较缓慢，经历一个多月的时间，股价在 7 月中旬才上涨到 13.00 元价位线附近，涨幅约 22%。

之后股价连续三日阴线报收，出现阶段见顶回落调整走势。但是这波调整幅度不大，股价在三连阴的作用下回落到 12.00 元价位线上便止跌，并在该价位线上横盘调整。

7 月 24 日，股价高开后短暂回落，之后便出现一路上冲的走势，半个小时左右的时间，股价便被放量打到涨停板后封板。下午虽然出现了两次开板交易，但是开板交易时间都比较短，最终再次快速封板后一直持续到当日收盘。从蜡烛图来看，当日的光头大阳线直接突破了前期的高位，新一轮上涨行情开启。之后该股连续收出六个涨停蜡烛线将股价急速拉高。

8 月 4 日，股价再次跳空高开后快速打到涨停板，但是股价短暂封板几分钟后便开板交易，当日以 4.57% 的涨幅阴线报收。次日股价更是以跌停价开盘，封板近半小时后才放量拉高股价，但是由于量能不能持续放大，使得股价在创出当日最高价 28.24 元后便一路下跌。之后股价连续几日都在 24.00 元价位线上方横盘整理，最高价始终不能有效突破 28.00 元。

此时，股价从最低的 10.68 元上涨到 28.00 元附近，涨幅已经翻倍了，而且股价此时在高位出现数日的横盘整理走势，综合这几种情况，预测股价可能离顶部不远了，稳健的投资者最好逢高卖出，提前规避风险。

8 月 10 日，股价以涨停大阳线报收，突破 28.00 元价位线，看似上涨行情延续，但是次日股价高开后却收出带长上影线的大阴线，阴线实体深深插入上个交易日形成的大阳线的实体内部，形成典型的乌云线组合。综合前面的预测，此时的乌云线极有可能是顶部乌云线，这更加增大了行情见顶的可能性。我们来看乌云线中大阴线的分时图，如图 2-34 所示。

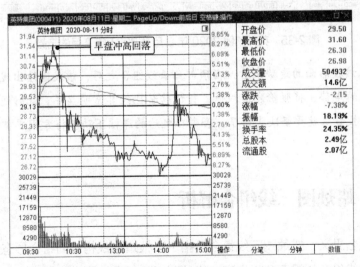

图 2-34　英特集团 2020 年 8 月 11 日的分时图

从图 2-34 中可以看到，该股当日开盘后就出现一笔巨量将股价大幅压低，该走势可能是主力出货所致。随后股价一路上冲，但是随着成交量的不断减少，股价上涨乏力，在创出当日的最高价31.60元后快速回落。这也进一步说明行情大概率见顶了。当日创出的31.60元很大程度上就是这一波上涨行情的顶部价格，因此，投资者最好抛售离场。

图2-35为英特集团2020年8月至2021年2月的走势。

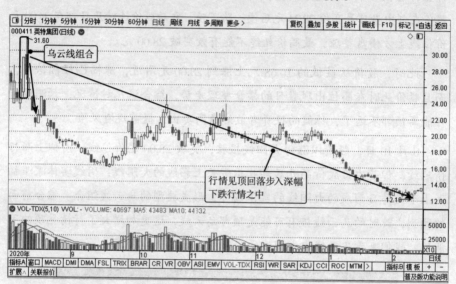

图2-35　英特集团2020年8月至2021年2月的走势

从该股后面的走势来看，在顶部乌云线组合之后，该股连续出现大幅低开收阴的走势，将股价急速拉低，行情转势已经非常明显了，此时还滞留在场内的投资者就要坚决卖出了，否则在之后的深幅下跌中将亏损严重。

2.2　蜡烛图三线组合解析

顾名思义，蜡烛图三线组合是指由三根蜡烛线构成的组合形态，它也是蜡烛线组合的重要分析内容。蜡烛图三线组合的形态比较多，如启明星组合、前进三兵组合、黄昏星组合、三只乌鸦组合等，下面介绍几个看涨看跌蜡烛图三线组合形态及其具体用法。

2.2.1　启明星组合

启明星组合又称早晨之星组合、希望之星组合，是由三根蜡烛线构成的一种预示行情见底的形态，该形态组合中三根蜡烛线的特点与意义如下：

- ◆ 第一根蜡烛线是一根中阴线或大阴线，表示市场中抛压强劲，空头力量大，股价短期内仍有下跌的空间。

- ◆ 第二根蜡烛线跌幅不大，实体较短，形成星的主体部分。它可以是小阳线、小阴线或十字星线，如果是十字星线，启明星组合发出的见底信号更强。但是，无论第二根蜡烛线是何种形态，都必须低开，且实体要与第一根蜡烛线的实体之间形成跳空缺口。星体的出现，表明股价跌幅有所收缩，但是否止跌，还需要继续观察。

- ◆ 第三根蜡烛线是一根中阳线或大阳线、表示买盘强劲、市场状况出现好转，逐步收复第一天阴线的失地。该蜡烛线的收盘价必须深入第一根蜡烛线的实体内，且深入得越多越有意义。当其收盘价超出第一根蜡烛线实体的一半以上时，启明星组合的见底反转信号更强。

图 2-36 为常见启明星组合的示意图。

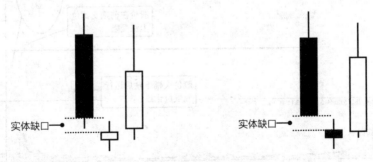

实体缺口　　　　　　　　　　　　实体缺口

图 2-36　启明星组合示意图

启明星组合出现在股价大幅下跌的低位才更有意义，表明股价已经止跌或即将止跌，但并不等于股价立即上涨。一般情况下，这种组合形态出现后，股价很快就上涨了，但在有些时候股价也会继续下跌一段时间或整理一段时间后再上涨。因此，稳健的投资者面对在股价大幅下跌到低位后出现的启明星组合，需要仔细分析，不要急于抄底。

拓展知识 *抄底不要满仓*

　　风险性投资者如果在启明星组合出现后要抄底，建议不要满仓操作，因为股市变化是复杂的，一旦底部判断失误，满仓操作就会带来巨大的损失。因此，为了降低风险，投资者在初步判断底部后，最好采用中、长期分批次建仓的方式。这样做不仅可以有效降低风险，还可以使建仓成本适当降低。

　　下面来看一个具体的案例。

实例分析

*ST 美谷（000615）下跌低位的启明星组合买入分析

　　图 2-37 为 *ST 美谷 2019 年 3 月至 2020 年 4 月的走势。

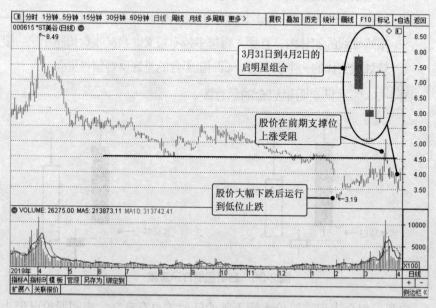

图 2-37　*ST 美谷 2019 年 3 月至 2020 年 4 月的走势

从图 2-37 中可以看到，该股在这段时间经历了一波大幅下跌，从最高的 8.49 元下跌到 3.20 元左右的低位，跌幅超过 62%，说明此时股价可能已经处于下跌行情的低价位区了。

尤其在 2020 年 1 月底到 2 月初这段时间，股价出现了急速的直线下跌，并于 2 月 5 日创出 3.19 元的最低价后企稳，这样的走势进一步提高股价见底止跌的可能性。

之后，该股出现震荡拉升行情，但是在上涨到 4.50 元价位线时受阻回落。该价位线是前期股价多次获得支撑的位置，而此时该价位线的支撑作用却变为了股价上涨的阻碍，是否意味着股价将继续下跌呢？下面接着来观察。

股价最终在 3.50 元价位线企稳，仔细观察蜡烛图可以发现，该股在 3 月 31 日以 4.63% 的跌幅收出大阴线。

次日，该股跳空低开以 4.58% 的跌幅收出带长影线的小阴线，这两个交易日的蜡烛线实体之间形成明显的向下缺口。

4 月 2 日，该股低开后围绕上个交易日的收盘价横盘波动，在早盘临近收盘时突然放量拉高一路上扬，最终以 7.91% 的涨幅收出大阳线，深深插入 3 月 31 日大阴线的实体内。

这三个交易日的蜡烛线形成了典型的启明星组合，在大幅下跌的低价位区出现该蜡烛线组合，更加说明股价在前期创出 3.19 元的最低价后已经见底。对于激进的投资者来说，可以适当轻仓抄底，但是稳健的投资者最好还是观望一段时间。

下面来看该股在收出启明星组合后的走势。

图 2-38 为 *ST 美谷 2020 年 3 月至 12 月的走势。

从图 2-38 中可看到该股在收出启明星组合后出现了上涨，但在 4.50 元价位线附近再次受到压制。结合前面的走势来看，4.50 元价位线的压制作用非常有效，如果股价不能有效突破这个阻力位，就很难开启上涨行情。

从后市的走势来看，该股之后在 4.00 元价位线到 4.50 元价位线之间经历了长达半年多的震荡行情，如果前期投资者在启明星组合出现后就重仓介入或满仓抄底，资金就会被套在里面半年之久，大大降低了资金的使用率。

在 11 月中旬，该股突破 4.50 元价位线后才正式开启上涨行情，此时投资者买入相对更合适。

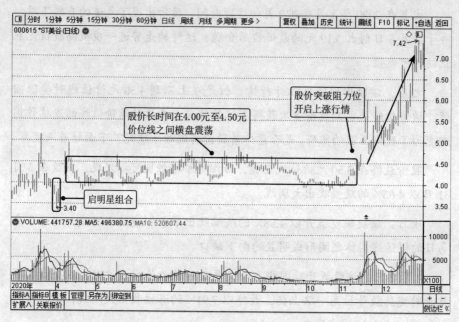

图 2-38　*ST 美谷 2020 年 3 月至 12 月的走势

2.2.2　前进三兵组合

前进三兵组合又叫红三兵组合或三个白武士组合，是由连续出现的三根阳线构成，该组合的形态特征如下：

◆　前进三兵组合的每一根蜡烛线的开盘价都处于上一根蜡烛线的实体内，或者附近的位置上。

◆　前进三兵组合的每一根蜡烛线的收盘价都应当位于当日的最高点或接近当日最高点的位置。

◆　前进三兵组合中的三根蜡烛线的收盘价依次上升，呈现出持续且稳定的上涨过程。

◆ 前进三兵组合中的三根蜡烛线的实体部位一般等长，或者相差不是特别大。

图 2-39 为前进三兵组合的示意图。

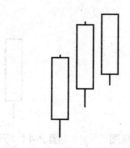

图 2-39　前进三兵组合示意图

前进三兵组合是股市稳定健康上涨的标志，预示上涨行情的开始或继续。

如果前进三兵组合出现在下跌行情的末期，可以传递出股价见底的信号，投资者可以买进，等待后市上涨。

如果前进三兵组合形态出现在上涨途中，表示多方已经积聚力量，发出看涨的信号，投资者可以追涨买入。

实战中可能会出现比较强势的前进三兵组合形态，即形态是由连续出现的三根大阳线或涨停大阳线构成，如果在拉升初期或途中出现这种情况，形态发出的看涨信号更强。

但是，投资者也要警惕在股价大幅上涨的高位出现的强势前进三兵组合形态，因为市场可能出现超买现象，行情可能见顶，此时投资者就要谨慎追高了。

除了这种标准的前进三兵组合以外，实战中还有一些衍生形态，分别是升势受阻组合和升势停顿组合。

◆ 升势受阻组合

升势受阻组合又称前方受阻组合，具体的形态是在三根连续的阳线中，第二根阳线和第三根阳线（有些时候仅第三根阳线）表现出了上涨势头减弱的迹象，通常为阳线实体一个比一个小，或者是阳线带有较长的上影线，如图 2-40 所示。

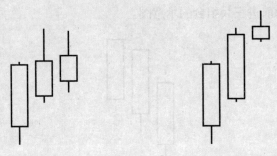

图 2-40　升势受阻组合示意图　　　　图 2-41　升势停顿组合示意图

◆ 升势停顿组合

升势停顿组合中的三根阳线也是实体逐渐变小，但是当第二根阳线向上创出新高后，第三日只拉出一根小小的阳线，并且其实体通常比前两根蜡烛线的实体要小许多，这样的蜡烛线组合就称为升势停顿组合，如图 2-41 所示。

这两种形态的出现都意味着这轮上涨行情遇到了阻碍，后市通常都会出现一波回调。

虽然这两种组合一般情况下都不属于顶部反转形态，但是投资者也不能忽视其可能开启的下跌行情，尤其在价格上涨到较高水平后，这两种形态的危险性就更高了。

此时投资者要更加谨慎操作，可以适当采取一些保护性措施，如抛售一部分筹码锁定利润。

下面来看一个具体的案例。

实例分析

中交地产（000736）下跌低位的前进三兵组合买入分析

图 2-42 为中交地产 2021 年 5 月至 12 月的走势。

图 2-42　中交地产 2021 年 5 月至 12 月的走势

从图 2-42 中可以看到，中交地产在 5 月 26 日创出 7.25 元的价格后反弹见顶，之后继续下跌，于 10 月底跌破 5.00 元价位线后止跌。股价在短暂横盘后，于 11 月 8 日创出 4.70 元的最低价。而这段下跌其实在 2020 年 3 月股价创出 11.10 元的顶部价格后就开始了，因此，投资者可推测此时的 4.70 元已经是行情的底部了。

之后股价开始放量拉升，但是这段拉升仅持续了几个交易日便在 5.00 元价位线上受阻，形成横盘走势。

11 月 30 日，股价低开后一路震荡冲高到当日最高价后见顶回落，以 1.01% 的涨幅收出带上影线的阳线止跌。

在之后的三个交易日，股价连续收阳，收盘价逐步抬高，开盘价都在上个交易日的实体内，第一个交易日的收盘价为当日的最高价，之后两个交易日的收盘价微微低于当日最高价，且三个交易日的实体大小相差不大。从蜡烛线的形态来看，这三个交易日的蜡烛线构成了典型的前进三兵组合形态，传递出后市看涨的信号。

在股价大幅下跌到低价位区止跌整理的过程中出现的前进三兵，提高了股价见底的可靠性，激进的投资者可以轻仓买入。

下面来看后面的走势。

图 2-43 为中交地产 2021 年 10 月至 2022 年 3 月的走势。

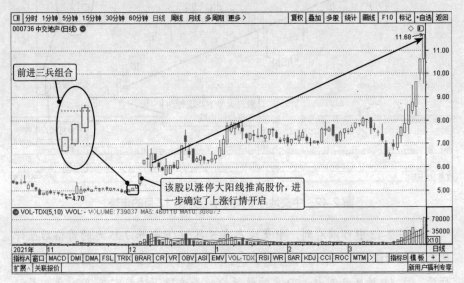

图 2-43　中交地产 2021 年 10 月至 2022 年 3 月的走势

从图 2-43 中可以看到，在前进三兵组合形成后，该股次日便高开，虽然之后小幅回落，但是在跌到前进三兵组合的第三根阳线的收盘价附近时便止跌，之后长期在其附近横盘。

直到下午开盘，市场集中放量快速将股价推到涨停价后封板，当日收出一根涨停大阳线，可以确定上涨行情已经开启，此时投资者再择机买入相对比较安全。

从该股的后市走势来看，股价确实步入了震荡拉升的上涨行情中，而且上涨的幅度和持续的时间都还不错，如果投资者在前进三兵组合形成并确定股价见底回升后买进，会获得不错的收益。

2.2.3　黄昏星组合

黄昏星组合又称暮星组合，该组合的形成机制与启明星组合是相反的，其三根蜡烛线的特点与意义如下：

- 第一根蜡烛线是一根中阳线或大阳线，表示买盘强劲，说明股价上涨还在继续。

- 第二根蜡烛线是高开的一根小蜡烛线，实体部分很小，表明买方势力开始减弱，价格可能已经见顶。它可以是小阴线，也可以是小阳线，或者是一根十字星线，如果是十字星线，或者带长上影线的星线，形态发出的见顶信号更强。同样的，无论第二根蜡烛线为何种形态，都要求其实体部分与第一根蜡烛线的实体之间要有明显的缺口，且缺口越大，看跌信号越强。

- 第三根蜡烛线是一根中阴线或大阴线，深入第一根蜡烛线的实体内，表示卖盘强劲，说明市场已经发生剧烈的变化，后市看跌。并且第三根蜡烛线深入第一根蜡烛线实体内越多，形态见顶信号越强。另外，如果第二根蜡烛线与前后两根蜡烛线的实体之间都出现缺口，后市看跌信号的准确率更高。

图 2-44 为常见的黄昏星组合示意图。

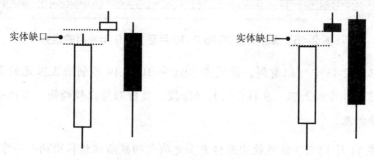

图 2-44　黄昏星组合示意图

黄昏星组合通常出现在股价大幅上涨的高位，预示行情将由强转弱，投资者要及时获利了结，锁定收益。

当然，在下跌行情的反弹顶部也可能出现黄昏星组合，预示反弹结束、下跌行情将继续，此时还未出局的投资者或抢反弹操作者要果断抛售，规避被套风险。

下面来看一个具体的案例。

实例分析

国际实业（000159）大幅上涨高位的黄昏星组合卖出分析

图 2-45 为国际实业 2018 年 10 月至 2019 年 4 月的走势。

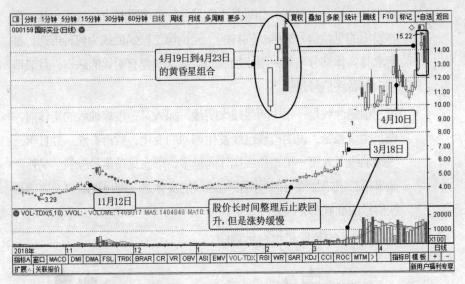

图 2-45　国际实业 2018 年 10 月至 2019 年 4 月的走势

从图 2-45 中可以看到，该股在 2018 年 10 月 19 日创出 3.29 元的最低价后企稳回升步入上涨。在拉升的初始阶段，股价涨势比较缓慢，多以小蜡烛线逐步推涨。

在 11 月 12 日，该股收出涨停光头光脚大阳线后继续拉出两个一字涨停，股价快速上涨到 5.50 元价位线附近后滞涨，短暂停留两个交易日后便开始出现回落，不过回落幅度不大，最终该股在 4.00 元价位线附近获得支撑后止跌，随后进入漫长的整理阶段。

2019 年 2 月初，股价开始稳步回升，但是缺乏量能支撑，股价上涨缓慢，涨幅不大。

3 月 18 日，股价放出巨量形成涨停推高，之后该股连续收出涨停蜡烛线，出现了一波急速拉升，短短几个交易日，股价就从 6.50 元左右上涨到 10.50 元左右，涨幅接近 62%。

虽然之后该股继续上涨，成交量也相比前期来说放大，但是在整段上涨过程中，成交量大部分时间呈现走平状态。在股价大幅上涨的高位出现这种量价关系，通常都是见顶反转的预兆，场外投资者要谨慎追涨，场内投资者也要谨慎持股。

4 月 10 日，股价第一次突破 14.00 元价位线，当日收出一根大阴线，之后便开始回落，最终在 10.00 元价位线上方止跌后重拾升势。这波继续上涨过程中拉出了两根涨停大阳线，4 月 19 日的涨停大阳线已经将股价推涨到前期高位，即 14.00 元价位线下方。

4 月 22 日，股价出现跳空高开的走势，盘中很快涨停，但是涨停板被不断打开，最终以 5.15% 的涨幅收出带长上影线的小阳线。这根小阳线其实是不好的预兆，因为股价从最低的 3.29 元上涨到此时的 15.00 元左右，已经达到了约 356% 的涨幅，行情随时可能见顶。

另外，从最近两日的蜡烛线来看，4 月 22 日的最低价都没有跌破上个交易日的最高价，后续有可能会孕育出黄昏星组合。综合来看，此时投资者应该做好离场的准备。

第三日，股价虽然继续高开，但是瞬间就出现急速大幅滑落的走势，此时稳健的投资者就要逢高卖出了。之后股价始终在低位震荡，最终，当日以 10.00% 的跌幅收出跌停大阴线，深深插入之前涨停大阳线的实体内部。

这三个交易日的蜡烛线形成了典型的黄昏星组合，更加确定了行情见顶，此时还在场内的投资者要及时抛售，获利了结。

下面来看黄昏星组合形成后的走势。

图 2-46 为国际实业 2019 年 4 月至 10 月的走势。

从图 2-46 中可以看到，在黄昏星组合形成的次日，该股跳空低开，当日以阴线报收，与前一根大阴线形成典型的向下跳空组合，且缺口非常大，说明市场的做空势能强大，行情已经见顶回落步入下跌，此时投资者就要及时清仓出局。

从后市的跌势来看，该股的下跌还是比较凶猛的，如果投资者在顶部黄昏星组合出现后没有及时清仓，越晚离场，亏损越多。

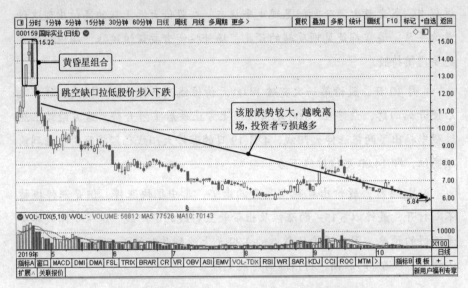

图 2-46　国际实业 2019 年 4 月至 10 月的走势

2.2.4　三只乌鸦组合

三只乌鸦组合又称黑三鸦组合或黑三兵组合，恰好与前进三兵组合形态相反，是由三根连续的阴线组成，具体形态特征如下：

◆ 三只乌鸦组合中的每一根蜡烛线都是中阴线或大阴线。

◆ 三只乌鸦组合中的每一根蜡烛线都是高开，即开盘价都处于上一根蜡烛线的实体内。

◆ 三只乌鸦组合中的每一根蜡烛线的收盘价都接近当天的最低价，且三天的收盘价一天比一天低。

◆ 三只乌鸦组合中的三根蜡烛线的实体长度应该大致相等。

图 2-47 为三只乌鸦组合的示意图。

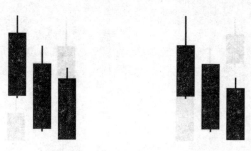

图 2-47　三只乌鸦组合示意图

　　三只乌鸦组合通常出现在大幅上涨的末期，表明市场中的多方力量逐渐衰竭，行情见顶，股价开始下跌。

　　实战中，三只乌鸦还有衍生形态，即后一根蜡烛线的开盘价接近前一根蜡烛线的收盘价，或者直接低开，并在收盘时创出新低，这样的蜡烛线组合形态称为三胞胎乌鸦，如图 2-48 所示。

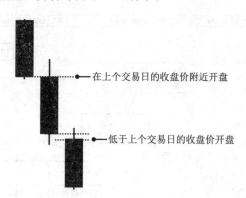

图 2-48　三胞胎乌鸦组合示意图

　　三胞胎乌鸦组合相对于三只乌鸦组合来说，发出的股价见顶信号更强，投资者在遇到这种组合形态后，一定要及时清仓出局。

　　上面介绍的三只乌鸦组合和三胞胎乌鸦组合都是标准形态。实战中，这两种组合也常常出现变形，即三根蜡烛线可能不是每根都为中阴线或大阴线，当日蜡烛线的最低价可能与收盘价有一定的差距等，如图 2-49 所示。不过在股价大幅上涨的高位发现这些形态时，投资者也可以将其当作三只乌鸦或三胞胎乌鸦组合来使用。

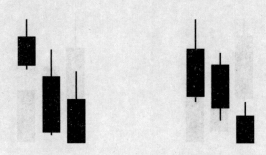

图2-49 三只乌鸦组合的变形形态示意图

下面来看一个具体的案例。

实例分析

许继电气（000400）行情顶部三只乌鸦组合卖出分析

图2-50为许继电气2021年6月至12月的走势。

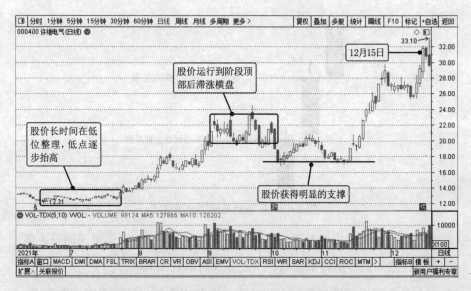

图2-50 许继电气2021年6月至12月的走势

从图2-50中可以看到，该股在2021年6月运行到低价位区，并在6月18日创出12.31元的最低价后止跌。之后股价长时间在低位整理，不过能明显看到低点在逐步抬高。

在7月下旬，该股放量拉升进入上涨，随着成交量的不断放大，股价被推涨到 22.00 元价位线附近后出现明显的滞涨。随后该股在 20.00 元至 23.00 元的价位区间经历了近一个月的横盘，之后震荡下跌，但是两次都在 17.00 元价位线附近止跌。

11 月中旬股价再次获得支撑后重拾升势，一路震荡上涨，最终在 12 月 15 日收出一根大阳线触及 32.00 元价位线。此时，股价距离 12.31 元的低位已经有了约 160% 的涨幅，由此可见，股价已经来到了上涨的高价位区。

12 月 16 日，股价微微高开，但很快在创出 31.94 元的最高价后回落下跌，当日以 3.4% 的跌幅收出大阴线。很显然，股价再次在 32.00 元价位线处受到了阻碍，行情滞涨。

12 月 17 日，股价高开后一路上涨，不到一个小时便快速上冲到 32.00 元价位线上方，创出 33.10 元的最高价，但是后续并未继续上涨，而是一路狂跌直至收盘，当日以 3.75% 的涨幅收出大阴线，并且上影线非常长。这种情况就表明当前市场将随时可能出现趋势的扭转，投资者最好进行减仓操作。

下面继续来看后面的走势。

图 2-51 为许继电气 2021 年 12 月至 2022 年 4 月的走势。

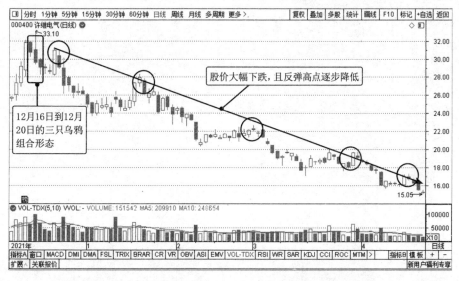

图 2-51 许继电气 2021 年 12 月至 2022 年 4 月的走势

从图 2-51 中可以看到，该股次日继续下跌，以 1.73% 的跌幅收出一根中阴线，观察这三个交易日的蜡烛线，可以发现是一个典型的三只乌鸦组合形态。在股价翻倍上涨后的高位出现该组合形态，说明行情大概率见顶了，稳健的投资者最好清仓出局，获利了结。

从该股后市的走势来看，股价持续震荡下跌，且震荡反弹的高点一个比一个低，如果投资者在顶部的三只乌鸦组合形态出现后未及时出局，那么后期可能面临巨大的亏损。

拓展知识 *三只乌鸦组合形态实战应用补充说明*

在上涨的初期和途中也可能出现三只乌鸦组合形态，但更多的是主力清理浮筹的手段。因为连续的阴线拉低股价，跟风者会担心亏损甚至套牢，所以，经常因为扛不住下跌而抛售筹码，主力达到目的。主力通常在第一次拉升之后，或者手中筹码较多，后续拉升时间充足的时候，利用三只乌鸦组合形态来达到清洗浮筹的目的，一旦浮筹清理完毕，后市将进入拉升的主升期。

所以，并不是一看到三只乌鸦组合形态，投资者就要立即采取抛售策略，还是要结合此时股价所处的位置来进行综合判断与分析，从而作出更加合理的决策。

第 3 章

从蜡烛图形态看趋势变化

　　上一章主要介绍了少量的蜡烛线构成的组合形态应用，若将时间周期稍微拉长一些，如一个月，蜡烛线还可以形成一些能够预示行情见底、见顶及持续的形态。本章就具体介绍一些比较典型的蜡烛图形态的用法，辅助投资者能更好地应用并查看行情的趋势变化。

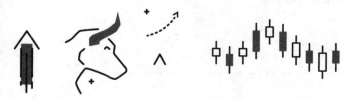

3.1 底部反转蜡烛图形态

底部反转蜡烛图形态是指能够预示行情见底的蜡烛图形态，在股价下跌的低价位区出现这些蜡烛图形态后，行情大概率会出现反转上涨的走势。

下面通过双底和头肩底这两种典型的形态来介绍底部反转蜡烛图形态的应用。

3.1.1 双底形态应用

双底形态又称双重底或 W 底，形态有两个低点，且低点通常在同一水平线上，股价第一次冲高回落后的顶点称为颈部，据此为基准作出的水平线称为颈线，当股价放量突破颈线后，行情可能见底回升，激进的投资者可在股价突破颈线后买入，如图 3-1 所示。

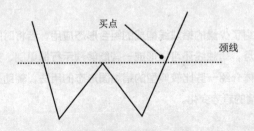

图 3-1 双底形态示意图

但是，有时股价在突破双底形态的颈线后可能不会立即展开上涨，而是出现小幅的回落，最终在颈线位置获得支撑企稳，这个过程称为回抽或回踩。

当股价回抽到颈线附近获得支撑后，更加确立形态的形成，发出行情见底信号的可靠性也更高，此时还未入场的投资者可在股价回抽颈线后再买入，这样相对更安全。

图 3-2 为回抽颈线的双底形态示意图。

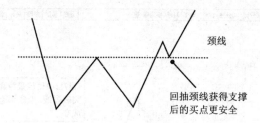

图 3-2 双底形态回抽颈线示意图

在实际操作中，双底形态也可能出现以下两种情况：

①双底形态的两个低点不在同一水平线上。通常，第二个低点都较第一个低点稍高，这是因为部分先知先觉的投资者在第二次股价回落时已开始买入，令股价没法再次跌回上次的低点。

②双底形态的两次下跌所耗费的时间不一样，比如第一次下跌只用了几个交易日，而第二次下跌却用了一两周的时间才能到达同一个低点。而且成交量也可能出现不对称的情况，一般来说，左底的成交量会小于右底的成交量。

当双底形态出现以上两种情况时，也能传递出同等可信的行情见底的预示信号。

另外，双底形态在底部构筑的时间越长，产生的回升效果就越好。标准的双底形态的构筑时间至少需要一个月的时间，因为时间过短的双底形态有可能是主力设下的技术陷阱，这点需要投资者特别注意。

下面来看一个具体的案例。

实例分析

TCL 科技（000100）下跌底部双底形态买入分析

图 3-3 为 TCL 科技 2018 年 6 月至 2019 年 1 月的走势。

从图 3-3 中可看到，该股在 2018 年 6 月急速下跌到 2.70 元价位线后止跌，之后跌势减缓，虽然经历了三个多月的整理，但是低位始终受到 2.70 元价位线的支撑。

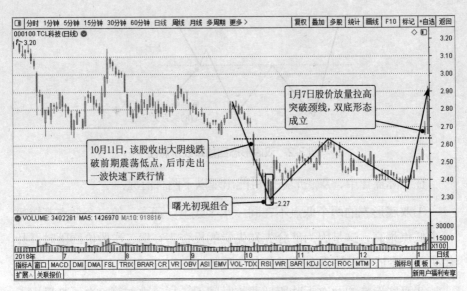

图3-3　TCL科技2018年6月至2019年1月的走势

2018年10月11日，该股大幅跳空低开，盘中一路下跌，当日以7.72%的跌幅收出一根大阴线，跌破2.70元价位线的支撑。之后该股连续收出阴线，将股价步步压低。

10月18日，股价以4.13%的跌幅收出中阴线后，次日低开高走，以3.02%的涨幅收出大阳线，并创出历史新低价2.27元。其实这两个交易日的蜡烛线构成的是曙光初现见底组合形态，预示股价见底，但谨慎的投资者还可以再观察一段时间。

拓展知识　*曙光初现蜡烛线组合介绍*

曙光初现蜡烛线组合是由一阴一阳两根蜡烛线组成，第一根阴线为中阴线或大阴线，第二根为低开的中阳线或大阳线，并且阳线的实体部分深入到阴线实体一半以上，深入得越多（不能完全包含，否则就变成了另一个蜡烛线组合——阳包阴），见底信号越强。

之后，该股企稳回升步入了震荡拉升行情中，但是最终在上涨触及2.60元价位线时滞涨，之后便一路震荡回落。虽然股价回落的时间比较长，有一个多月，但是回落的幅度不大，最终并没有有效跌破 2.40 元价位线，而是于 12 月下旬在该价位线上止跌回升。

仔细观察这段时间的蜡烛图走势可以发现，蜡烛图走出了一个明显的双底形态，其颈线即为 2.60 元价位线。若股价第二次回升后能够突破颈线，则双底形态成立，行情大概率见底。

在 12 月下旬止跌后，股价多次收阳拉升股价，在 2019 年 1 月 7 日，股价放量大幅跳空高开，当日以 3.50% 的涨幅收出一根阴线，突破 2.60 元价位线，与上根蜡烛线之间形成明显的缺口。次日，市场更是以天量推动股价以 6.77% 的涨幅收出一根大阳线，形成强势拉高。

此时，该股已经有效突破双底形态的颈线，双底确立，印证了前面曙光初现组合发出的行情见底信号，因此，投资者可以买入该股，持股待涨。

如果部分投资者还是担心股价突破颈线后会出现回落走势，因此，迟迟不敢买进，那么下面就继续来看突破双底形态颈线后的蜡烛图走势。

图 3-4 为 TCL 科技 2018 年 9 月至 2019 年 3 月的走势。

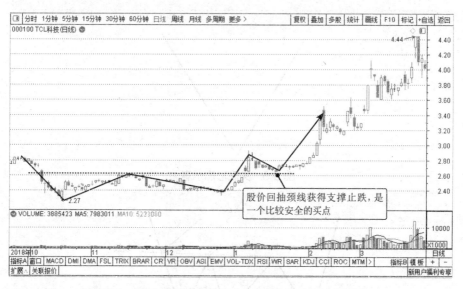

图 3-4　TCL 科技 2018 年 9 月至 2019 年 3 月的走势

从双底形态成立后的走势来看，该股很快阶段见顶出现回落走势，但是回落的幅度不大，很快便在颈线位置获得支撑止跌。

而且在整个回落过程中，成交量不断减少，说明此时市场出现惜售情况，投资者普遍看好个股后市走势，股价回抽颈线不破就是一个相对比较安全的买点，还未入场的投资者可以在此位置买入跟进，持股待涨。

拓展知识 **尖底形态和三底形态介绍**

在双底形态的基础上减去一个底就是尖底形态，增加一个底就是三底形态。

尖底形态又称 V 形底形态，是出现频率较高的底部反转形态，而且一般出现在剧烈的市场波动之中。与其他的反转形态最大的区别就在于，尖底形态转向过程持续 2～3 个交易日，有时甚至在更短的时间内就完成了，这让尖底形态成了最直观的反转形态，如图 3-5 所示。

三底形态是由三个一样的尖底或接近的尖底形成，低点与低点的间隔距离不必相等，颈线也不一定是水平的，如图 3-6 所示。该形态形成的时间一般在两个月以上，且时间越长，三底形态越可靠。

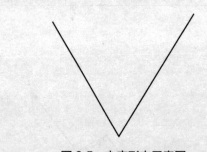

图 3-5　尖底形态示意图

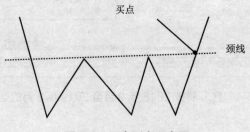

图 3-6　三底形态示意图

3.1.2 头肩底形态应用

头肩底形态也是蜡烛图中出现频率非常高的底部反转形态，通常位于行情大幅下跌的底部，预示着长期趋势的反转。下面来看一下这一形态具有的特征，具体如下：

◆ 头肩底形态的两肩低点大致相等。

◆ 就成交量而言，左肩最少，头部次之，右肩最多。股价突破颈线不一定需要大的成交量配合，但是日后继续上涨时成交量会放大。

图 3-7 为头肩底形态的示意图。

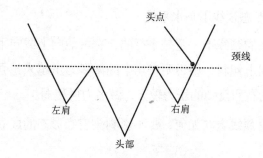

图 3-7　头肩底形态示意图

头肩底形态形成后，股价也可能出现回抽颈线的情况，若回抽不破，就可以进一步确定行情反转，如图 3-8 所示。

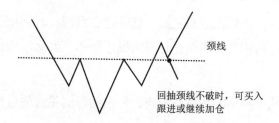

图 3-8　头肩底回抽颈线示意图

当头肩底形态出现后，不同类型的投资者有不同的操作策略。

◆ 对于激进的投资者而言，股价放量冲破颈线时就是第一买点。但是此时买入是存在一定风险的，因为股价回抽颈线如果没有获得支撑止跌或跌破颈线后没有快速向上再次拉升（如果股价跌破颈线，通常会在60日均线位置获得支撑后重拾升势），则头肩底形态可能失败，该股后市可能继续跌破右肩，甚至跌破头部的低点，此时投资者就要逢高卖出，持币观望了。

◆ 稳健的投资者可以等待股价放量突破颈线后回抽不破时再跟进，会相对安全一些，但在遇到股价突破颈线后不回抽的情况时，可能会踏空一部分收益。

此外，在实战应用过程中投资者需要注意以下两点：

◆ **头肩底形态颈线不是水平线**

头肩底形态的颈线不一定是平行的，它可能向上或向下倾斜。一般来说，如果颈线向上倾斜，则说明市场中的做多力量越来越强；如果颈线向下倾斜，则说明右肩反弹的压力较大，做多力量稍弱。

但是，无论颈线走向如何，都不影响头肩底形态的成立，都能传递出行情见底的预示。

◆ **头肩底形态左右肩高低不同**

在头肩底形态中，左肩和右肩也可能出现低点不等的情况，具体介绍如下。

①通常而言，右肩比左肩稍高，且以左右肩形成时间相近的头肩底形态最佳，因为右肩稍高，说明此时场内抛压较小，做多氛围浓厚，股价跌不下去。

②左右肩低点持平的头肩底形态，发出的行情见底信号相对于左肩低于右肩的头肩底形态来说要弱一些。

③右肩低于左肩的头肩底形态，传递的见底信号是这三种情况中最弱的。在这种情况下，右肩必须及时有足够的量能来支撑其止跌，头肩底形态才有可能形成。

下面来看一个具体的案例。

实例分析

沈阳机床（000410）下跌底部头肩底形态买入分析

图 3-9 为沈阳机床 2020 年 2 月至 2021 年 3 月的走势。

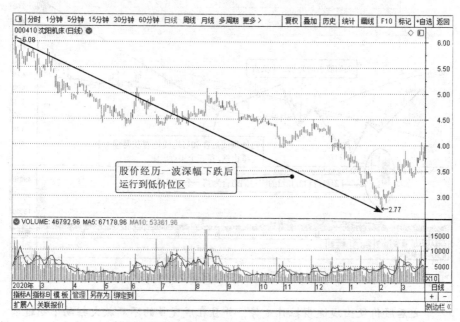

图 3-9　沈阳机床 2020 年 2 月至 2021 年 3 月的走势

从图 3-9 中可以看到，该股在创出 2.77 元的最低价之前经历了一波长时间的深幅下跌，股价从 6.08 元落到最低的 2.77 元，跌幅约为 54.4%。下面来放大底部走势进行具体分析。

图 3-10 为沈阳机床 2020 年 12 月至 2021 年 8 月的走势。

从图 3-10 中可以看到，该股于 2021 年 1 月中旬下跌到 3.20 元价位线附近形成了明显的低点，在连续四根小阳线的推动下，股价经历了一波小幅反弹，由于此时量能不大，股价最终在 3.40 元价位线处反弹受阻，转而继续下跌。

随着成交量的温和放大，该股在 2 月 2 日以 4.91% 的涨幅收出一根大阳线,创出 2.77 元的最低价,当日蜡烛线完全包含了上个交易日的大阴线,二者形成了典型的阳包阴组合。该形态也是一个看涨组合,预示着行情见底,此时激进的投资者可以少量建仓。

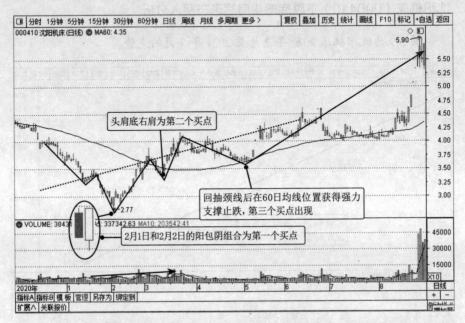

图 3-10　沈阳机床 2020 年 12 月至 2021 年 8 月的走势

之后股价便出现逐步拉升走势,并且在成交量的不断放大推动下越过前期反弹高点的 3.40 元价位线,直接触及 3.80 元价位线,之后冲高回落,但是最终在 3.40 元价位线上止跌,形成一个明显的低点。

观察这段时间的走势可以发现,蜡烛图形成了一个右肩高于左肩的头肩底形态,在阳包阴组合的基础上进一步说明了行情见底,形成这段时间的第二个买点。但是如果投资者担心头肩底形态失败,这里建议轻仓买入,以期降低投资风险。

之后股价继续拉升,最终在 4.25 元价位线上再次受阻出现回抽。虽然此次回抽时间相对较长,但是回抽幅度不大,而且很快便在 60 日均线位置获得强劲的支撑企稳回升,更加确定头肩底形态成立,行情已经反转步入上涨趋势中，同时也形成了第三个买点。虽然在这个位置介入会损失掉前面上涨行情的一部分收益，但是其安全性更高。

3.2 顶部反转蜡烛图形态

顶部反转蜡烛图形态与底部反转蜡烛图形态是相反的，在股价上涨的高价位区出现的这些蜡烛图形态，能够预示行情见顶。

下面通过双顶和头肩顶两种形态来介绍顶部反转蜡烛图形态的应用。

3.2.1 双顶形态应用

双顶形态又称为双重顶或 M 顶，该形态有两个高点，从理论上来说，这两个高点应该在同一水平线上，但是在实际走势中，第一个高点通常略低于第二个高点，且在整个双顶形态形成的过程中，成交量是逐步减少的，这个细节非常重要。

股价第一次回落获得支撑的低点称为 M 顶的颈部，以其为基准作出的水平线是颈线，当股价跌破颈线时，行情可能见顶回落，投资者就要赶紧清仓离场，如图 3-11 所示。

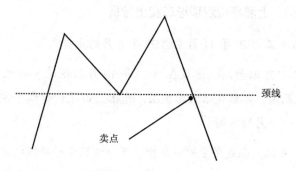

图 3-11 双顶形态示意图

在实战应用中也可能出现第二个高点低于第一个高点的双顶形态，这说明市场中做多动能不足以支撑股价继续上涨，因此，成交量此时也相对较小，更加证明行情可能见顶，后市走势不容乐观。

与双底形态一样，双顶形态形成之后，股价也可能出现回抽的情况，如果回抽不过，或者越过颈线后很快在某个阻力位受阻继续向下，说明股价彻底步入下跌趋势中，此时还抱有惜售想法的投资者要尽快离场，避免因被套而遭受重大损失。

图 3-12 为回抽颈线的双顶形态示意图。

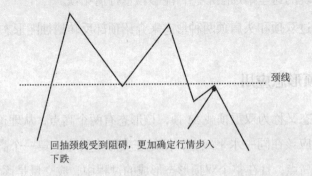

图 3-12　双顶形态回抽颈线示意图

下面来看一个具体的案例。

实例分析

柳工（000528）上涨高位双顶形态卖出分析

图 3-13 为柳工 2020 年 11 月至 2021 年 6 月的走势。

从图 3-13 中可以看到，该股在 2020 年 12 月初越过 8.00 元价位线后滞涨，股价阶段见顶，之后开始回落整理，并在 7.50 元价位线下方获得支撑横盘，整理了近一个月的时间。

2021 年 1 月初，在成交量的不断推动下，该股开始延续之前的上涨，并在 2 月后出现一波快速拉升，直接将股价拉高越过 10.50 元价位线，再次阶段见顶。

随着成交量的持续减少，股价不断被压低，最终在 8.50 元上方止跌。之后股价再次拉升上涨，但是整段上涨震荡不停，稳定性很差，明显可以看到走势疲软。

而且这段上涨对应的成交量峰值明显低于前期，同时整体还有下移的趋势。在股价高位出现无量配合的上涨走势，注定这波拉升不会持续多久，投资者要密切关注该股走势，随时做好撤离的准备。

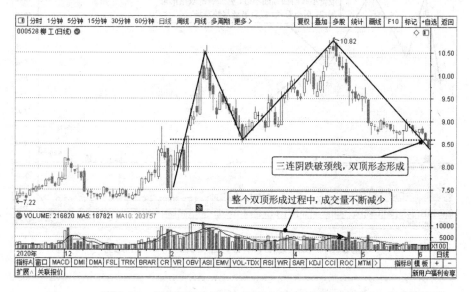

图 3-13　柳工 2020 年 11 月至 2021 年 6 月的走势

该股在 4 月中旬越过 10.50 元价位线，以略高于上一个阶段顶部的 10.82 元见顶后回落。在回落初期，股价跌势还是比较猛烈的，连续收出八根阴线。

观察这段时间的走势可以发现，蜡烛图有形成双顶形态的迹象，稳健的投资者最好在这一期间择机逢高卖出，锁定前期利益。

之后股价跌到 9.00 元价位线附近时虽然跌势减缓，但是最终还是在 6 月初的三根连续阴线作用下，跌到 8.50 元价位线附近，也就是颈线下方，双顶形态成立，说明行情大概率迎来了下跌，此时投资者要以抛售持股为主要操作策略，规避下跌风险。

下面继续查看双顶形态之后的走势。

图 3-14 为柳工 2021 年 2 月至 2022 年 4 月的走势。

从图 3-14 中可以看到，该股在跌破颈线后很快便出现回抽，但是回抽幅度不大，持续时间只有几天，且不过颈线，说明此时市场做空氛围浓厚，还在场内的投资者也应顺势卖出手中持股，尽快离场。

图 3-14　柳工 2021 年 2 月至 2022 年 4 月的走势

拓展知识 **尖顶形态和三顶形态介绍**

与底部反转形态一样，顶部反转形态也有对应的尖顶和三顶形态。

尖顶形态也称为倒 V 形顶形态，它可以看成是尖底形态的翻转，如图 3-15 所示。尖顶形态的转向过程也非常短，一般 2～3 个交易日就完成，有时甚至更短，通常情况下会有一根带长上影线的蜡烛线触顶，随后再开始大幅下跌。

三顶形态与三底形态相似，由三个一样的尖顶或接近的尖顶形成，高点与高点的间隔距离不必相等，颈线也不一定是水平的，如图 3-16 所示。与三底形态一样，三顶形态形成的时间至少需要两个月，且时间越长，形态越可靠。

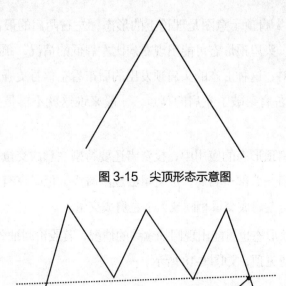

图 3-15　尖顶形态示意图

颈线

卖点

图 3-16　三顶形态示意图

3.2.2　头肩顶形态应用

头肩顶形态通过三次连续的涨跌构成左右两个肩部和中间的头部，两个回落低点连线即为颈线，股价一旦跌破颈线，则头肩顶形态成立，如图 3-17 所示。

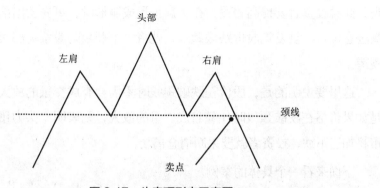

图 3-17　头肩顶形态示意图

图 3-17 中的头肩顶示意图是理论上的形态，左右两肩的最高点基本相同。在实际中，头肩顶形态可能出现右肩比左肩低的情况，颈线可能会微微向右下方倾斜，这种形态的头肩顶发出的后市看空信号更强。但是如果头肩顶形态的右肩突破了左肩的高点，一般来说这就不再是头肩顶形态了。

此外，在头肩顶形态的应用中，投资者还要特别注意成交量的变化。一般来说，按左肩→头部→右肩，成交量会逐步减少，但是在有些时候头部的成交量可能与左肩成交量相同或大于左肩成交量。

当然，头肩顶形态也可能出现回抽颈线的情况，若股价回抽颈线不过，就进一步确认行情见顶，如图 3-18 所示。

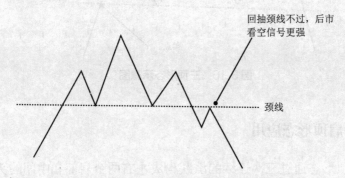

图 3-18　头肩顶回抽颈线示意图

头肩顶形态作为一个长期性趋势的转向形态，通常会在牛市的尽头出现，此时投资者要提高警惕，在头肩顶形成雏形时，可先卖出部分筹码，减轻仓位。一旦发觉股价跌破颈线，就将手中剩余的股票全部卖出，退出观望。

这里要说明的是，股价在跌破颈线时不需要有成交量的放大配合，但是如果价格在跌破颈线时伴随着成交量的放大，则表明空头力量更强，后市将加速下跌，投资者就要果断清仓离场。

下面来看一个具体的案例。

实例分析

中联重科（000157）上涨高位头肩顶形态卖出分析

图 3-19 为中联重科 2020 年 11 月至 2021 年 5 月的走势。

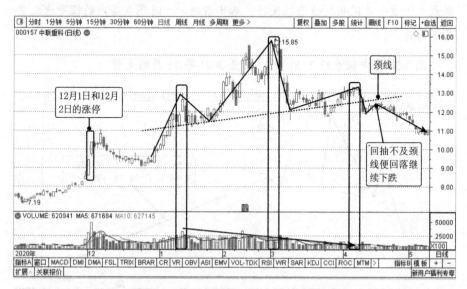

图 3-19　中联重科 2020 年 11 月至 2021 年 5 月的走势

从图 3-19 中可以看到，该股在 2020 年 12 月 1 日和 12 月 2 日连续收出两根涨停大阳线，并越过 10.00 元价位线，之后很快在 11.00 元价位线上受阻回落。此次回落比较温和，多以小蜡烛线为主，最终股价在 9.00 元上方获得支撑止跌。随着成交量不断放大推动，股价重拾升势继续上涨。在 2021 年 1 月中旬，股价触及 13.00 元价位线后形成阶段高点，小幅回落到 11.50 元价位线附近止跌回升。

虽然之后股价继续走出一波震荡上涨行情，也创出 15.85 元的阶段新高，但是从成交量的表现来看，量能明显减弱，观察近两次的高点也可以发现，高点位置的量能出现了缩减，已经预示着趋势可能见顶。

之后股价继续回落，在略高于前期低点的 12.00 元价位线上止跌反弹。但是此次反弹非常吃力，股价经过一波三折后最终在 13.00 元价位线受阻回落，反弹高点只是小幅超过第一个高点，且成交量更小了。从整个蜡烛图来看，近期走势已经形成了头肩顶形态的雏形，行情大概率见顶，投资者最好减仓或清仓。

从后市走势来看，股价跌破颈线后在 12.00 元价位线附近再次获得支撑止跌，但此次反弹几乎还未接触到颈线就匆匆结束，更加确定了头肩顶形态的成立，进一步说明行情已经反转，后市看跌，此时还在场内的投资者就要尽早离开。

图 3-20 为中联重科 2020 年 11 月至 2021 年 11 月的走势。

图 3-20　中联重科 2020 年 11 月至 2021 年 11 月的走势

从头肩顶形态形成后的走势来看，该股又经历了一波长时间的深幅下跌，且下跌低点一波比一波低，投资者只有尽早离场，才能尽可能地降低损失。所以，投资者在发现头肩顶形态时就需要抛售出局了。

3.3　走势持续蜡烛图形态

持续整理形态是指股价在运行中进行的一波调整，待调整结束后，股价将沿着之前的走势继续运行。在实战中，出现频率较高的整理形态有三角形形态和矩形形态，下面分别对这两种形态的具体要求及其应用进行讲解。

3.3.1 三角形形态应用

三角形形态是持续整理形态中最常见的一种，可以划分为对称三角形形态、上升三角形形态和下降三角形形态三种子类型，具体介绍如下。

（1）对称三角形形态

对称三角形形态也称收敛三角形形态，它在上涨趋势或下跌趋势中都能见到，具体形态特征如下：

◆ 它由两条聚拢的直线形成，上面的直线向下倾斜，起压制作用；下面的直线向上倾斜，起支撑作用，显示多空力量对等。

◆ 两条直线的交点称为顶点，形态中一般有六个转折点。

图 3-21 和图 3-22 分别为上涨趋势和下跌趋势中对称三角形形态的示意图。如果对称三角形形态是在上涨趋势中形成的，当股价突破对称三角形形态的上边线后会继续上涨；如果对称三角形形态是在下跌趋势中形成的，当股价跌破对称三角形形态的下边线后则会继续下跌。

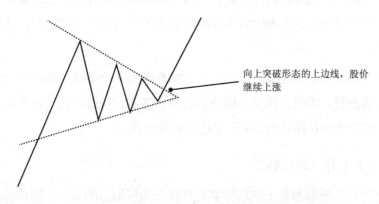

向上突破形态的上边线，股价继续上涨

图 3-21 上涨趋势中的对称三角形形态示意图

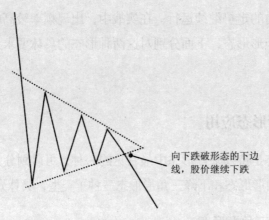

向下跌破形态的下边
线，股价继续下跌

图 3-22　下跌趋势中的对称三角形形态示意图

对称三角形形态在形成过程中，成交量应逐步减少。当股价向上突破形态上边线时，需要有大的成交量配合，而向下跌破时则不必有成交量配合，若下跌伴随着成交量放大，则说明市场看跌氛围浓厚，后市下跌幅度将加深。

由于在对称三角形形态中，股价始终受到下边线的支撑和上边线的压制，因此，也有部分投资者喜欢在此阶段进行高抛低吸的波段操作。如果此时是在下跌趋势中，投资者高抛低吸的操作应谨慎。

需要特别注意的是，股价并非一定要等到三角形运行到末端才突破，行情有可能提前选择方向。因此，在进行高抛低吸操作时，投资者要保持谨慎，当在某一次高点抛出后发现股价有突破形态上边线的情况，就要及时买回。

在下跌趋势中，若股价提前选择方向跌破形态下边线，场内的投资者就会提前被套。因此，从安全投资的角度来考虑，一般建议投资者最好不要在下跌趋势的对称三角形形态中进行波段操作。

（2）上升三角形形态

上升三角形形态是上涨趋势中的对称三角形形态的变形，因此，该形态常出现在上涨趋势中，股价每次上涨的高点基本上处于同一水平位置，回落的低点却不断上移，将每次上涨的高点和回落低点分别用直线连接起来，就构成一个向上倾的三角形形态。

上升三角形形态的上边线是股价的压力线，当其被突破后，股价就会顺势继续上涨。但需要特别注意的是，上升三角形在形成过程中，成交量可能会呈现出不断缩小的状态，但是在股价向上突破形态上边线时，必须要有成交量放量的配合。

此外，股价突破上边线后常常会出现回抽，一旦股价回抽不破上边线，就更加确定突破的有效性，后市继续延续上涨走势。

图 3-23 为股价突破上升三角形上边线后回抽不破的示意图。

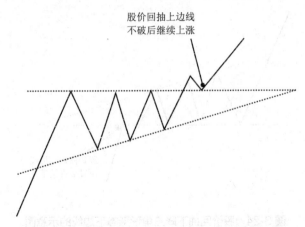

图 3-23　股价回抽上升三角形形态上边线的示意图

当然，对于一些强势股而言，股价在突破上升三角形的上边线后不会有回抽，而是直接强势上涨。因此，一般情况下，为了安全操作，投资者可以在股价突破形态上边线，小幅回调再创新高后买进，以确认突破的有效性。如果该股在整理前是强势股，则投资者可在股价放量突破形态上边线时便买进。

（3）下降三角形形态

下降三角形形态是下跌趋势中的对称三角形形态的变形，因此，该形态常出现在下跌趋势中，股价每次下跌的低点基本上处于同一水平位置，反弹的高点不断下移，将每次反弹的高点和下跌低点分别用直线连接起来，就构成一个向下倾的三角形形态。

下降三角形形态表示，在该整理区间内卖方的力量略大于买方的力量，形态的下边线是股价的支撑线，当这条支撑线被跌破后，股价就会顺势继续下跌。

当然，在某些个股中，也可能出现股价回抽形态下边线的情况，如果回抽不过，则更加确认跌破的有效性，此时投资者要采取持币观望的操作策略。

图 3-24 为股价跌破下降三角形下边线后回抽不过的示意图。

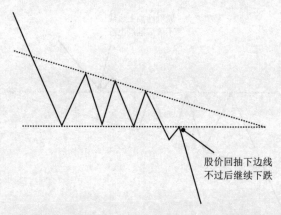

图 3-24　股价回抽下降三角形形态下边线的示意图

针对上升三角形形态和下降三角形形态还有一点需要说明，即在实战操作中，上升三角形的上边线或下降三角形的下边线完全水平的情况很少，只要是连线近似水平，形态也具有相应的作用。

了解了三角形形态的各子类型及其用法后，下面通过一个具体的实例来了解三角形形态的实战应用。

实例分析

藏格矿业（000408）上涨途中对称三角形形态分析

图 3-25 为藏格矿业 2020 年 10 月至 2021 年 5 月的走势。

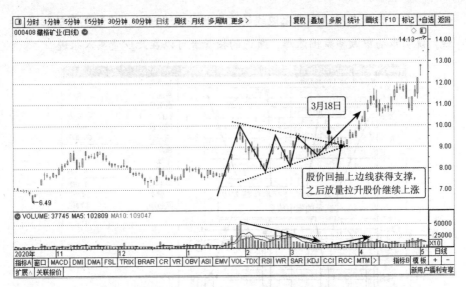

图 3-25　藏格矿业 2020 年 10 月至 2021 年 5 月的走势

从图 3-25 中可以看到，该股在 2020 年 10 月下旬创出 6.49 元的低价后企稳回升步入上涨。行情启动初期的上涨持续时间不长，股价在一个多月后便在 9.00 元价位线下方滞涨横盘后回落。

之后股价回落到 7.00 元价位线上方，在该支撑位至 8.00 元价位线之间横盘整理，整个上涨初期和回落调整期间的成交量变化都不大。

2021 年 1 月中下旬，市场突然连续放出巨大量能拉升股价摆脱横盘整理，但在短短几个交易日后，股价在 10.00 元价位线处再次上涨受阻，随后进入了一个多月的调整行情。

在整个调整过程中，股价每次反弹的高点不断下移，但是回落的低点却明显上移，形成对称三角形形态。并且在整个整理过程中，成交量明显缩小，由此可以确定对称三角形整理形态的形成，该股后市看涨，所以，投资者要密切关注股价突破形态上边线的时机。

2021 年 3 月 18 日，该股低开后一路高走，盘中多次集中放量推动股价上涨，如图 3-26 所示。

3 月 18 日，该股以 4.51% 的涨幅阳线报收，突破对称三角形形态上边线的压制，虽然盘中有过多次放量，但是相对于前期拉升期间的量能水平来说并不算大，股价在越过形态上边线的次日就发生了回抽，不过没有跌破上边线，说明市场中做多氛围浓厚，激进的投资者可以在此少量买入跟进。

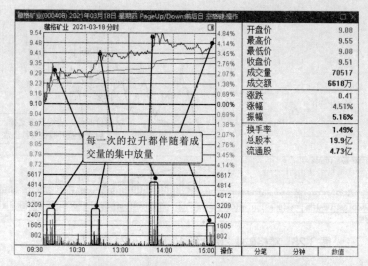

图 3-26　藏格矿业 2021 年 3 月 18 日的分时图

之后随着成交量不断放大，涨势也变得非常明确，说明在成交量的推动下，该股进入了下一波拉升行情中。此时还未进场的投资者可以择机买进，已经在场内的投资者也可以根据自身的实际情况进行加仓操作，抓住这一波拉升行情。

3.3.2　矩形形态应用

矩形形态就是指股价在一个较为固定的价格区间内上下震荡，震荡过程中，高点和低点基本保持在一个相对水平的位置，分别连接连续两个或两个以上的震荡高点和震荡低点，就形成一个水平或略微上下倾斜的矩形，这就是矩形整理形态。

在矩形形态中，上边线是股价上涨的压力线，下边线则为股价下跌的支撑线。

根据所处的行情不同，矩形形态也分为上升矩形形态和下降矩形形态两种，下面具体来介绍两种矩形形态的应用。

（1）上升矩形形态

如果矩形形态出现在上涨行情的途中，就称为上升矩形形态。

若股价向上突破形态上边线，说明市场中做多势能高于做空势能，行情继续看涨，突破位就是第一买点，但是从安全投资的角度考虑，这里建议投资者少量买入。

若股价在突破形态上边线后再次回抽确认，就更加说明了新一轮拉升行情已经开启，回抽不破的位置就是第二买点，投资者可以适当加仓。

图 3-27 为股价突破上升矩形形态上边线回抽不破示意图。

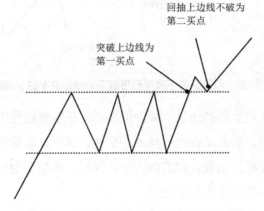

图 3-27　上升矩形形态上边线回抽不破示意图

需要特别注意的是，如果在大幅上涨后出现上升矩形形态，那么在股价放量突破形态上边线后，投资者要谨慎追高，规避行情见顶风险。

（2）下降矩形形态

如果矩形形态出现在下跌行情的途中，就称为下降矩形形态。

若股价向下跌破形态下边线，说明市场中做空势能高于做多势能，行情继续看跌，跌破位就是第一卖点，此时投资者要坚持抛售出局到场外持币观望的策略。

若股价在跌破形态下边线后再次回抽确认，更加说明了新一轮下跌行情已经开启，回抽不过的位置就是第二卖点，投资者要尽快离场，规避行情继续下跌带来的风险。

图 3-28 为股价跌破下降矩形形态下边线回抽不过示意图。

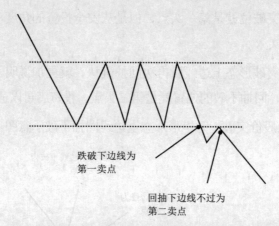

图 3-28　股价跌破下降矩形形态下边线回抽不过示意图

无论是上升矩形形态还是下降矩形形态，在整理过程中，显示的是多空双方实力相当，双方正在进行激烈的交战，因此，成交量会不断减少，直到一方力量耗尽，出现突破方向为止。因此，在整个矩形整理过程中，建议投资者都尽量以持币观望为主。

在了解了矩形形态的子类型及其用法后，下面通过一个具体的实例来了解矩形形态的实战应用。

实例分析

学大教育（000526）上涨矩形形态分析

图 3-29 为学大教育 2019 年 1 月至 2020 年 6 月的走势。

从图 3-29 中可以看到，该股在 2019 年 1 月 30 日创出 17.46 元的最低价后见底，之后企稳回升步入上涨。

在整个上涨过程中，该股出现了两波较明显的回落走势，最终在 2020 年 2 月初伴随着成交量的放大，形成了一波快速拉升，直接上涨到 50.00 元价位线附近，此时股价已经有近 187% 的涨幅。

但是，之后该股出现回落走势，在高位不断震荡，其中拉升高点几乎都受到 50.00 元价位线的压制，而下方却始终受到 40.00 元价位线的支撑，使得蜡烛图走出了一个矩形形态。

图 3-29 学大教育 2019 年 1 月至 2020 年 6 月的走势

下面放大这段走势进行具体分析。

图 3-30 为学大教育 2020 年 1 月至 7 月的走势。

从图 3-30 中可以看到，在整个矩形整理过程中，成交量不断缩小，说明在多空博弈时，筹码被集中到了势力更强的一方。

6 月中旬，股价再次运行到 40.00 元价位线后止跌，之后成交量迅速放大，该股连续收阳拉升，最终在 6 月 18 日以 9.99% 的涨幅阳线报收，突破形态上边线，后市看涨。之后该股有过一波短暂的休整，此时就是投资者追涨跟进的时机。

但是由于此时该股已经有了较大的涨幅，行情算是处在比较高的位置，因此，追涨的投资者一定要谨慎，一旦股价上涨动力衰减，投资者就要尽快抛售，规避行情见顶风险。

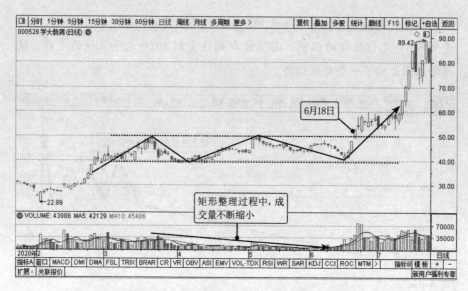

图 3-30　学大教育 2020 年 1 月至 7 月的走势

第 4 章

蜡烛图与成交量实战结合

"量"与"价"是炒股技术中关系紧密的一组分析工具，价的变化依赖于量的作用，量的增减可以影响价的走向。因此，将量与价结合使用，是投资者需要掌握的基本技能之一。本章就来具体介绍蜡烛图与成交量在实战中结合的应用方法。

4.1 上涨阶段蜡烛图与成交量结合

人们都知道，大部分时候股价的上涨需要有成交量的推动，但是并非量能减少就一定意味着股价下跌。本小节将以上升初期的温和放量和上升途中的缩量上涨为例，讲解在个股的上涨阶段蜡烛图与成交量结合的具体应用。

4.1.1 上升初期温和放量上涨

通过前面内容的学习，投资者对温和放量这种形态有了初步认识，其具体是指随着时间的推移，股票交易不断进行，成交量总体趋势为逐步增大的形态。

一般而言，个股在经历了深幅下跌后，市场中的做空动能逐步释放，下跌走势也逐渐趋于走缓。此时，虽然市场中仍然存在着悲观情绪，但是由于股价已经被明显低估，场内的投资者不愿再低价抛售股票，而场外的持币投资者因为对后市走向迷茫也不会轻易进场，因此，整个市场成交量呈现出低迷状态。

这个阶段之后，如果成交量出现温和放量的形态，说明市场人气开始慢慢被释放，个股出现止跌企稳走势，随着后续资金不断地介入，股价开始缓慢攀升。

因此，在个股大幅下跌的低价位区，成交量温和放量形态的出现，大部分情况下意味着反转行情即将到来，有些时候甚至会走出一波大幅上涨行情。

因此，投资者需要密切关注在股价底部的低价位区出现的温和放量上涨形态，此时买入建仓，不仅风险小，而且有可能买在一波上涨行情的启动之初。

但是仍然需要特别提醒，在底部区域出现温和放量形态之前，个股必须经历了一波大幅下跌,且随着股价的不断下跌,成交量呈现逐步缩小的形态,这样才能证实形态的可靠性。

另外,在出现温和放量上涨后,谨慎的投资者不用着急介入,因为后市可能出现一波回调走势,这主要是主力进一步清理浮筹的手段,但投资者需要保持关注。

注意,一旦股价回调在 5 日均线位置获得支撑,或者小幅跌破 5 日均线后快速被拉回,之后继续依托 5 日均线向上运行,就说明行情已经发生反转,投资者此时建仓相对安全。对于场内的投资者来说,此时就是一个不错的加仓时机,投资者可逢低吸纳买入,持股待涨。

下面来看一个具体的案例。

实例分析

深物业 A(000011)上涨初期温和放量买入分析

图 4-1 为深物业 A 在 2017 年 9 月至 2020 年 3 月的走势。

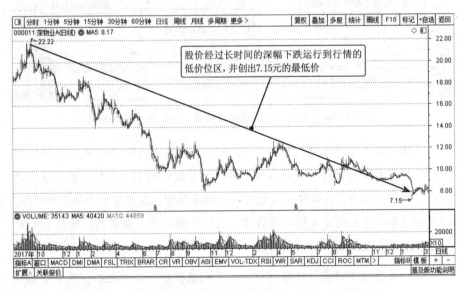

图 4-1 深物业 A 在 2017 年 9 月至 2020 年 3 月的走势

从图 4-1 中可以看到,该股在 2017 年 9 月 19 日创出 22.22 元的最高价后一路震荡下跌，整个下跌过程持续了两年多的时间，最终在 2020 年 2 月 4 日创出 7.15 元的最低价后止跌企稳，此时该股跌幅接近 68%，说明已经运行到低价位区。

那么该股创出 7.15 元的新低价后企稳，是否意味着行情见底，后市即将反转呢？

下面来放大股价大幅下跌低价位区的走势。

图 4-2 为深物业 A 在 2019 年 9 月至 2020 年 6 月的走势。

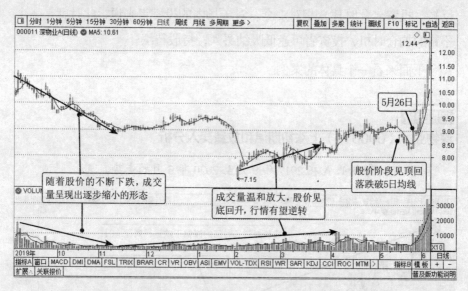

图 4-2　深物业 A 在 2019 年 9 月至 2020 年 6 月的走势

从图 4-2 中可以看到，2019 年 11 月，股价在下跌到 9.00 元价位线附近时出现跌势减缓的走势。但是在这之前，随着股价的不断下跌，成交量呈现出逐步缩小的状态，在跌势减缓之后的小幅反弹中，成交量才开始有所缓和，但是由于市场中的做空氛围仍然存在，这波反弹没有上涨多高，便在 9.50 元价位线附近受阻结束。

在一波快速下跌后，该股创出 7.15 元的最低价。在此之后，成交量仍然保持着温和的放量走势，使得股价企稳回升，且依托 5 日均线出现震荡拉升行情。

在大幅下跌的低价位区出现这种走势，大概率是行情见底的表现，激进的投资者可以考虑在此轻仓买进抄底，而稳健的投资者最好再观察一段时间较为妥当。

随着股价的不断攀升，在4月左右，成交量转而缩减，该股在失去推动后于前期反弹高点的9.50元价位线下方上涨受阻，短暂横盘整理后回落，股价跌破5日均线运行到其下方。

但很快该股便在8.50元价位线获得支撑止跌。5月26日，该股放量拉出一根涨幅为7.88%的大阳线，直接上穿5日均线并重新站稳，随着成交量的不断推动，股价继续快速上涨。

此时可以判断出这波回落是拉升过程中的正常调整，是主力清理浮筹的手段，行情已经发生逆转，股价快速回到5日均线上方就进一步说明了拉升开启。此时，前期未介入的投资者可以适量买进了。已经介入的投资者也可以根据自身的操作策略分批加仓，持股待涨。

图4-3为深物业A在2020年1月至8月的走势。

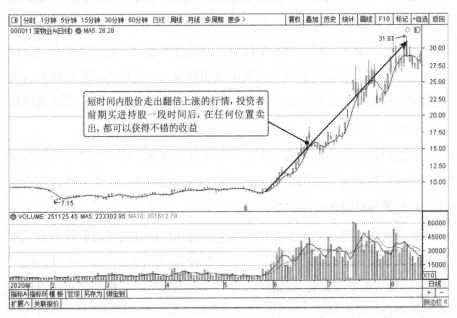

图4-3 深物业A在2020年1月至8月的走势

从后市的走势来看，该股依托 5 日均线走出了一波可观的快速拉升行情，两个多月的时间，股价直接从 9.00 元价位线附近快速上涨越过 30.00 元价位线，并创出 31.87 元的高价，涨幅超过 254%。

由此可见，无论是在拉升初期温和放量时抄底的投资者，还是在股价跌破 5 日均线获得支撑重拾升势后介入的投资者，在买进该股后持股一段时间卖出，都可以获得不错的收益。

由此更加说明了大幅下跌后的上涨初期，成交量温和放量孕育出的拉升行情是非常值得期待的，投资者在实战操作中需要对这种行情仔细分析，认真把握。

4.1.2 上涨途中缩量拉升

在上涨行情的初期，如果主力清理浮筹比较彻底，即将大部分的筹码都集中到了自己手中，那么在正式拉升的时候，场内的卖盘会逐步减少，抛压会很小，主力只用少量的资金就能推动股价上涨，所以，整个蜡烛图呈现出缩量拉升的走势。

这里的缩量不是指成交量呈现快速或极度的缩小，而是看整个拉升过程中的量能相对于前期来说有没有出现明显放大。这样的前后期成交量对比结果，是主力高度控盘的效果，一般这种走势的出现，往往表明市场可能即将进入主升期。

若此时蜡烛图中的均线系统处于多头排列状态，或者大部分均线都呈现向上运行的走势，说明该股仍然保持上涨，后市有机会进入快速拉升阶段，投资者可以继续持股做多。

如果在均线系统处于多头排列状态之前该股出现过横盘整理走势，且在股价突破前期高点向上攀升后开始缩量拉升，投资者可以在 5 日均线上穿 10 日均线形成金叉且 30 日均线走平或向上运行时，根据自身的操作策略进行加仓。

均线系统的多头排列是指在一轮持续时间较长的上涨行情中，多条不同周期的均线保持一定距离并一致向右上方运行，股价位于所有均线上方，同时不同周期的均线从上到下依次按照短期均线、中期均线和长期均线的顺序排列，如图4-4所示。

均线系统形成多头排列，说明市场内短期介入的投资者平均成本超过长期持有投资者的平均成本，市场做多氛围浓厚。

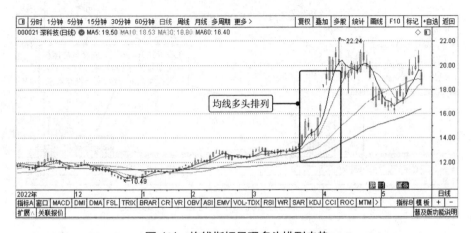

图 4-4　均线指标呈现多头排列走势

下面通过一个具体的案例来了解上涨途中缩量拉升的应用。

实例分析

川能动力（000155）上涨途中缩量拉升做多分析

图 4-5 为川能动力 2020 年 4 月至 11 月的走势。

从图 4-5 中可以看到，该股于 4 月 28 日创出 3.55 元的低价后见底，之后在底部横盘整理一个月后依托 5 日均线一路震荡拉升，很快整个均线系统拐头向上，拉开上涨的序幕。

随着成交量的不断放量，股价第一波拉升越过 5.50 元价位线后横盘，继续突破失败后受阻回落，短期均线跟随股价拐头向下运行，整个回落过程中，成交量不断缩小。最终股价在9月下旬跌到4.50元价位线后止跌回升，伴随着成交量的温和放大，均线重新拐头向上，股价也重新站到均线上方。

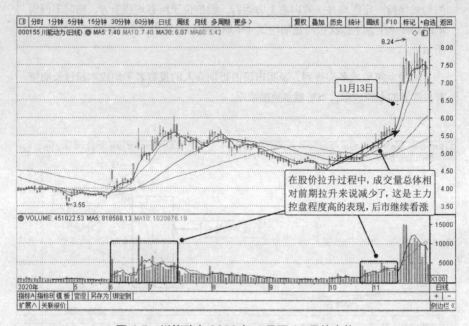

图4-5 川能动力2020年4月至11月的走势

仔细观察这一阶段的成交量可以发现，虽然量能相对于前期回落整理时来说有所放大，但是相对于6月至7月股价拉升的量能来说，又是明显减少的。为什么呢？这主要是因为在股价回落整理过程中，主力清理浮筹比较彻底，以至于再次拉升时只需要较小的量能便能扭转行情向上，使得股价重拾升势。

这就预示着股价即将进入快速拉升的主升期中，投资者可以密切关注该股，择机买入。

11月13日，市场中有巨量拉升使得股价以涨停价开盘，之后一直封在涨停板上持续到收盘，如图4-6所示。

当日该股以一字涨停到达6.38元，越过前期拉升的高点。

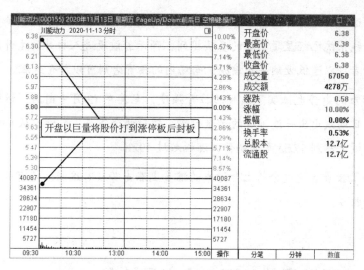

图 4-6 川能动力 2020 年 11 月 13 日的分时图

但该股是不是就确定进入主升期了呢？来看蜡烛图中的走势。

图 4-7 为川能动力 2020 年 6 月至 2021 年 1 月的走势。

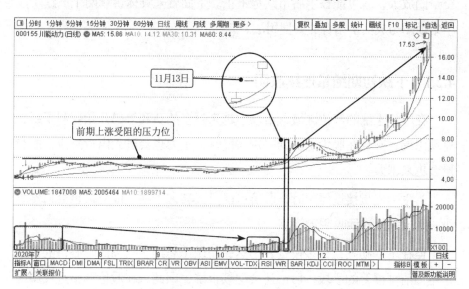

图 4-7 川能动力 2020 年 6 月至 2021 年 1 月的走势

从图 4-7 中可以看到，虽然 11 月 13 日当日的成交量呈现明显的地量形态，但这是一字涨停的特性导致，并没有对该股的上涨造成不良影响，而且此时均线系统已经呈现明显的多头排列，预示着该股进入拉升的主升期，场外投资者可以逢低吸纳买入该股，而场内的投资者则可以加仓追涨。

后市的走势也证实了该股的拉升强度，尤其在 12 月中旬后，该股更是依托 5 日均线走出一波可观的上涨行情。短短两个多月，股价就从 6.00 元价位线附近上涨到 17.53 元的高位，涨幅超过 192%。

如果投资者通过分析上升途中的缩量上涨走势及时追涨，将有机会获得不错的收益。

4.2 下跌阶段蜡烛图与成交量结合

股价的下跌可以不需要成交量的配合，但是如果下跌过程中伴随着成交量的放大，就可能预示后市跌势不止。下面就来具体讲解两个下跌阶段中蜡烛图与成交量结合的典型用法。

4.2.1 下跌初期缩量连续收阴

在股价上涨的高位区域，市场中越来越多的获利筹码开始获利了结，兑现出局，并且在股价上涨到一定高度时，主力也会进入出货阶段，成交量会越来越大。

当主力出货接近尾声时，股价可能已经转入下跌，成交量也会自然缩小，形成缩量连续收阴走势。

但在下跌初期，许多投资者仍然保持做多思维，认为此时股价的下跌是主力清理浮筹的手段，后市还会继续上涨，因此，在股价调整过程中纷纷追涨，使得股价反弹。

然而，由于此时场内已经没有主力的参与，股价走势疲软，反弹可能并不能维持多久，大多数都不过前期高点便结束，转入继续下跌走势之中。

因此，在上涨行情转势后发现缩量连续收阴走势，投资者要特别注意，一定要谨慎操作，虽然股价不一定立即暴跌，甚至还可能会出现一波冲高，但上涨的幅度也非常有限，因此，投资者最好跟随主力抛售出局。

除此之外，投资者还可以借助均线来确定卖点，当股价在高位出现缩量连续收阴形态时，如果 5 日均线走平或拐头向下运行，谨慎的投资者就应该卖出离场了。一旦股价跌破 5 日均线、10 日均线，或者 5 日均线下穿 10 日均线形成死叉，投资者就要果断清仓。

若股价在高位有效跌破 20 日均线，就标志着下跌行情已经开启，后市出现大跌的可能性非常大，还留在场内的投资者就要及早出局，才能避免被套。

下面来看一个具体的案例。

实例分析

丰元股份（002805）下跌初期缩量连续收阴看跌分析

图 4-8 为丰元股份 2022 年 3 月至 7 月的走势。

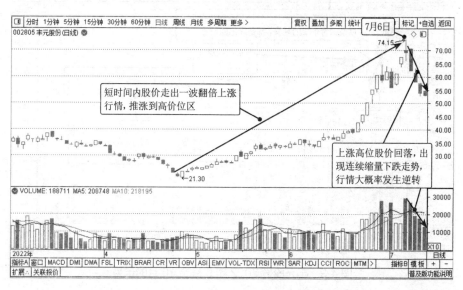

图 4-8　丰元股份 2022 年 3 月至 7 月的走势

从图 4-8 中可以看到，该股在 2022 年 4 月 27 日创出 21.30 元的阶段低价后结束了这波回落调整走势，之后连续收阳拉升，重新开启一轮上涨行情。随着成交量不断放大，股价被迅速推高，两个多月的时间，股价就被推到 70.00 元价位线上方。

7 月 6 日，该股以 2.43% 的涨幅收出一根带长上下影线的阴线，创出 74.15 元的最高价，成交量也达到了近期的最大值。从 4 月底的 21.30 元到现在的 74.15 元，股价的涨幅超过 248%，收益十分可观。

而在股价大幅上涨的高位出现的一根带长上下影线的蜡烛线，不管阴阳，都是不好的预兆。

在接下来的四个交易日中，股价连续收阴下跌，成交量也出现急速的缩小。结合股价上涨的幅度来看，此处的缩量连续收阴走势大概率是主力出货导致。

下面再加入均线进行分析。

图 4-9 为丰元股份 2022 年 6 月至 10 月的走势。

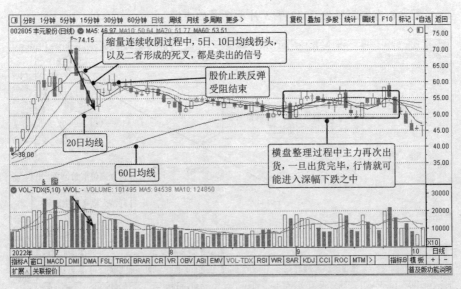

图 4-9　丰元股份 2022 年 6 月至 10 月的走势

从图 4-9 中可以看到，该股在创出 74.15 元的最高价后，走出的缩量连续收阴走势并没有跌破 20 日均线，甚至此时的 20 日均线和 60 日均线仍然呈现出向上运行的走势，这也是造成部分投资者误认为此次回落后还会继续上涨的原因，许多投资者纷纷追涨买入。

但是从安全投资的角度考虑，股价上涨幅度已经非常大，投资者最好在缩量连续收阴过程中，5 日和 10 日均线都拐头向下，或者 5 日均线下穿 10 日均线形成死叉时，先抛售一部分筹码，锁定前期利润，待股价重新上涨确认后再买进也可以。

继续分析该股后市走势可以发现，股价虽然在 20 日均线上止跌回升，但是这波反弹仅仅维持了三个交易日便在 60.00 元价位线附近受阻回落，进一步证实了前期缩量连续收阴是主力出货的推测。

不仅如此，股价很快带动 5 日、10 日均线继续向下，并且跌破走平的 20 日均线，此时场内投资者应继续看空后市，作出卖出决策，避免后期遭受损失。

之后，股价虽然在 8 月下旬回落到 60 日均线附近止跌，但是由于成交量不能持续放大，股价最终在 50.00 元至 60.00 元的价位区间横盘整理，均线系统水平交错在一起。

最终，股价在 9 月底打破了横盘整理的平衡状态，选择向下运行，说明在这一波横盘整理过程中，空方的势力在角逐后优于多方的势力。

结合前期该股走出的缩量连续收阴走势，可以判断出在股价横盘整理过程中主力已经完成了最后的派发，下跌已经开启，场内投资者应该及早清仓，跟随出局。

下面来看后市的走势。

图 4-10 为丰元股份 2022 年 6 月至 2023 年 4 月的走势。

从后市的走势来看，该股在 9 月底跌破均线系统后走出了一波大幅下跌行情，且反弹高点一波比一波低。面对这种走势，投资者只有及早清仓，才能尽可能地降低损失。

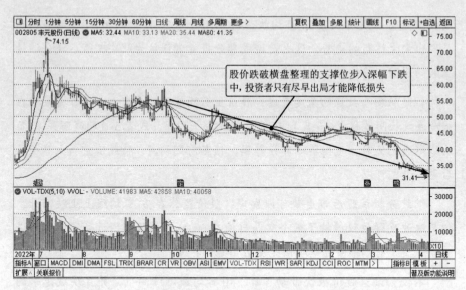

图4-10　丰元股份2022年6月至2023年4月的走势

4.2.2　下跌途中放量反弹

在下跌过程中，由于主力大多处于潜伏状态，很少会像在上涨行情中一样大幅注资推涨，因此，随着股价的不断下跌，场内投资者会纷纷卖出出局，成交量会不断缩小。

但是如果在下跌途中出现放量拉升行情，往往是主力活动的信号，造成这种情况的原因之一就是主力在前期的高价位区来不及完成所有筹码的派发，因此，会在下跌过程中继续买进，以推动股价上涨。

如果此时股价下跌的幅度还不大，很多投资者见有量能推动股价上涨，会误认为是买盘强势介入的信号，所以，盲目看涨后市，纷纷追涨买入，而主力则趁机完成剩余筹码的派发。

由于主力的目的是借助放量拉升出货，因此，股价的上涨注定不会持续太久，当其上涨乏力，往往标志着主力完成了派发，反弹也即将结束，后市将继续下跌，甚至出现深幅下跌。

因此，当股价在逐步下跌后出现了放量拉升的走势，投资者要特别谨慎操作，尤其是稳健的投资者，最好不要参与，可以等待上涨行情确定后再介入，从而规避不慎被套带来的损失。

部分技术型投资者如果想要抢反弹，也要注意规避风险。当股价反弹时，会站在 5 日均线上向上运行，但是，一旦股价跌破 5 日均线，或者带动 5 日均线下穿 10 日均线形成死叉，则很可能意味着反弹结束，新一波下跌开始了。此时投资者一定要及时抛售撤出，这样才能规避下跌带来的损失。

另外需要特别说明的是，在下跌途中的放量反弹走势中，量能大多是相对于前期下跌期间而言有所放大，但是在反弹过程中，量能持续放大的情况可能并不明显，甚至会保持在某个大量的水平状态中。在这种情况下，更加说明了反弹在上涨无量时幅度会非常有限。

下面来看一个具体的案例。

实例分析
深康佳 A（000016）下跌途中放量拉升形态分析

图 4-11 为深康佳 A 在 2020 年 3 月至 7 月的走势。

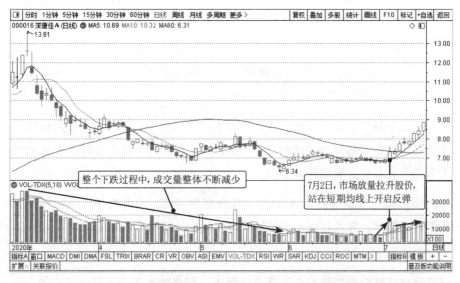

图 4-11　深康佳 A 在 2020 年 3 月至 7 月的走势

从图 4-11 中可以看到，该股在 3 月创出 13.61 元的最高价后见顶回落，开启下跌行情，随着股价的不断下跌，成交量出现快速缩小走势。

5 月下旬，股价跌破 7.00 元价位线，在 5 月 28 日创出 6.34 元的阶段低价后止跌，之后围绕着 7.00 元价位线上下窄幅波动，成交量也缩小到近期的最小。

此时股价是否企稳了呢？这波回落是否为一次较大幅度的调整，后市是否继续看涨呢？投资者不要着急操作，继续分析后面的走势。

7 月 1 日，股价小幅放量收出一根阳线触及 7.00 元价位线，次日，市场继续放量拉升股价，当日以 6.07% 的涨幅收出一根大阳线，站在 7.00 元价位线上，并同时上穿 5 日均线和 10 日均线。当日成交量量柱是 7 月 1 日的两倍左右。

随后，股价始终保持在 5 日均线上方上涨，期间成交量虽然走平，但是整体量能相对于前期横盘来说有明显的放大。

但由于此时 60 日均线还未表现出明显的走平向上走势，因此，稳健的投资者还要继续持币等待。

继续来看后面的走势。

图 4-12 为深康佳 A 在 2020 年 6 月至 10 月的走势。

从图 4-12 中可以看到，在一波放量的推动下，股价反弹越过 8.50 元价位线，但是在 7 月 14 日创出反弹的高价 9.19 元后，以 2.59% 的跌幅收出一根大阴线，此时蜡烛线还站在 5 日均线上。

再往后两日，股价大幅低开，以极大的跌幅收出两根大阴线，同时跌破拐头向下的 5 日均线和走平的 10 日均线，而且第三个交易日的成交量相对上个交易日来说有明显的缩小。

由于此时的股价距离 2020 年 3 月的顶部不远，而且前期下跌的幅度也不算大，因此，可以判断此次的拉升为下跌行情的反弹。

放量拉升过程中成交量保持在较高的水平，可能是主力正在集中出货。后续股价跌破短期均线后成交量急速缩小，则意味着主力可能出货完毕，反弹结束，后市将继续下跌。

此时场内投资者要及时清仓出局，锁定前期获得的反弹收益，早期没有来得及在高位离场的投资者，此时也要借反弹走势清仓出局，降低损失。

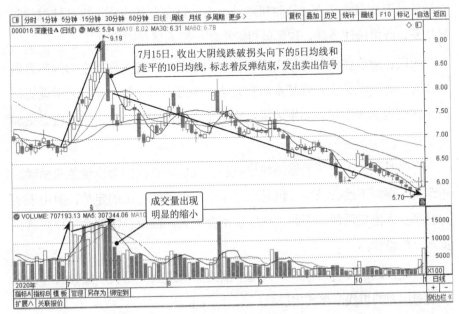

图 4-12　深康佳 A 在 2020 年 6 月至 10 月的走势

4.3　特殊成交量形态的量价结合

天量和地量是成交量的特殊形态，这两种形态出现在不同的位置，对股价的涨跌也具有不同的预示意义。本节将分别列举天量和地量在实战中与蜡烛图结合的常见用法。

4.3.1　上涨高位天量长阴蜡烛线

股价大幅上涨到高价位区，达到主力的预期目标后，主力就会找机会出货，而其中比较常见的一种出货表现形式就是在股价顶部收出天量长阴蜡烛线。

这种量价走势的形成原因是主力要想顺利出货，就得营造市场向好的氛围，因此，在出货前往往会大幅拉高股价，甚至会形成连续涨停，以吸引场外投资者追涨买入。待时机成熟，主力就会开始出货，主动性抛盘明显增多，股价快速下跌，顶部就可能出现一根天量长阴线。

所以，股价在高位区域出现天量长阴蜡烛线，这主要是主力抛售筹码导致的，此后不久主力就基本出货完毕，多方力量枯竭，空方力量聚集，市场转变为卖方市场。如果天量对应的是跌停大阴线，卖出信号就会更加强烈。

有些时候，天量长阴蜡烛线形成后，股价短时间内会出现急速暴跌，随即转入深幅下跌行情中。但是有时也会出现继续上涨的走势，但由于主力已经步入出货阶段，因此，涨幅也不会太大，股价很快便会见顶回落，步入下跌趋势。

因此，散户投资者在股价大幅上涨的高位遇到天量长阴蜡烛线时，应该跟随主力的步伐及早卖出股票。

下面来看一个具体的案例。

实例分析

冀东水泥（000401）上涨高位天量长阴蜡烛线见顶分析

图 4-13 为冀东水泥 2016 年 1 月至 2017 年 4 月的走势。

从图 4-13 中可以看到，该股在创出 8.30 元的低价后企稳回升开启上涨，在 2017 年 3 月底之前，该股的涨势都还比较稳定，经过这一年左右的时间，股价从最低的 8.30 元上涨到此时的 15.00 元左右，涨幅超过 80%，是比较不错的涨幅了。

进入 2017 年 4 月后，该股连续拉出六个一字涨停，创出 24.77 元的高价，而且六个交易日中，有五个一字涨停对应极度地量的成交量，这种强势的上涨行情说明行情经历积累后进入了上涨主升期。

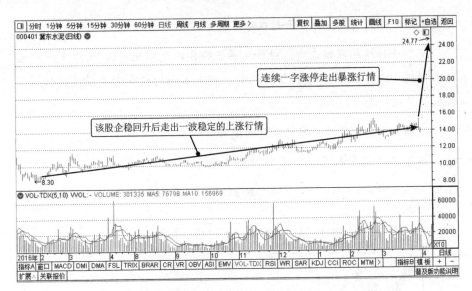

图 4-13 冀东水泥 2016 年 1 月至 2017 年 4 月的走势

下面来看 2017 年 4 月 12 日的分时图，如图 4-14 所示。

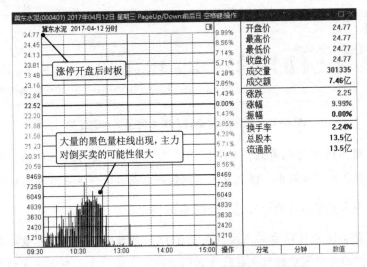

图 4-14 冀东水泥 2017 年 4 月 12 日的分时图

从图 4-14 中可以看到，该股当日开盘后就有一笔买单将股价直接推到涨停板，随后股价始终维持涨停，并未开板交易，但是下方却有大量的成交量，说明在涨停价位上有大量买卖双方挂单交易，这很可能是主力筹码所为，通过不停地对倒买卖,将股价封在涨停板上。

从整个行情的涨幅来看,股价从最低的 8.30 元到此时的 24.77 元,涨幅已经超过 198%,几乎翻了两倍。此时,还未入场的投资者要谨慎操作,警惕股价见顶风险。

下面继续来看连续一字涨停后的走势。

图 4-15 为冀东水泥 2017 年 4 月至 7 月的走势。

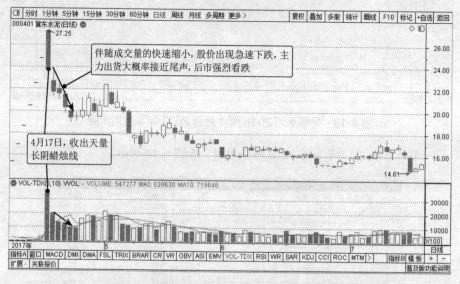

图 4-15　冀东水泥 2017 年 4 月至 7 月的走势

从图 4-15 中可以看到,4 月 17 日,股价继一字涨停蜡烛线后继续跳空高开,但是当日却收出一根天量长阴蜡烛线,而且成交量是前期的数倍大。

下面来观察当日的分时图,如图 4-16 所示。

从图 4-16 中可以看到,该股在 4 月 17 日开盘时被一根红色量柱推高跳空开盘,而分时图中的红色柱线表示的是在一个价位上,先有买家挂买单买入,才有卖家挂单卖出,这就说明这笔天量是买单,而之后股价一路下跌,成交低迷。

由此说明,这笔买单可能是场外投资者被之前股价连续一字涨停的涨势吸引进入的追涨盘,主力则趁机出货,所以,其后股价一路持续下跌。

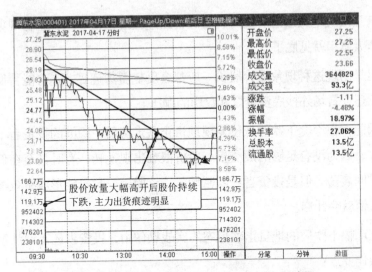

图 4-16　冀东水泥 2017 年 4 月 17 日的分时图

再返回图 4-15 中可以看到，在收出天量长阴蜡烛线后，成交量持续缩量，股价急速下跌，这更加说明了主力在高位出货。而且 4 月 17 日成交量如此巨大的长阴线，也大大增加了股价见顶的可能性，投资者此时更要顺势而为，跟随主力及时清仓出局。

从后市的走势来看，之后股价一路震荡下跌，三个月左右的时间，股价就下跌创出 14.61 元的阶段低价，跌幅超过 46%。

如果投资者在大幅上涨高位盲目追涨，则买入即被套牢，要想降低损失，只有尽早出局。

4.3.2　深幅下跌后地量止跌

在下跌过程中，由于个股场内缺乏主力资金，所以，下跌趋势就会一直持续。

在这个下跌过程中，市场中的套牢盘可能会经受不住股价的持续下跌，纷纷在下跌途中止损出局，使得卖盘越发稀少。而场外投资者也对股价走势不抱希望，也就不会积极参与，从而导致整个下跌过程中成交量极度萎缩，甚至出现地量形态。此时，若股价跌速减缓，逐步出现企稳现象，那么行情大概率就见底了。

但是出现这种现象后，股价一般都会反复震荡筑底，走势能否反弹或反转，还要看场外抄底资金量和盘中的抛压。

因此，在深度下跌的低位发现地量止跌走势后，稳健的投资者不要急于抄底，因为没有足够的成交量，股价很难出现逆转，有时甚至在低位进行长时间震荡。但是投资者可以密切关注该股，一旦量能形成有效配合，上涨行情就会开启。

在深幅下跌后的地量止跌形态的实战操作中，投资者还需要注意以下几个操作要点：

- ◆ 股价出现地量止跌形态，预示行情反转前，必须经历一波大幅度下跌，且下跌幅度越大、下跌时间越长，止跌信号的可信度就越高。
- ◆ 股价在前期的大幅下跌过程中，成交量越大越能说明空方动能释放得越充分。待到地量止跌形态出现，股价反转的可能性就更大，投资者参与的风险就没那么大了。
- ◆ 出现地量止跌并回升的走势后，股价可能会冲高受阻回落，如果后续能够获得支撑止跌，那么止跌位就是一个加仓的时机。但是如果股价回落后跌势不止，可能会继续之前的下跌走势，此时投资者就要及时卖出。

下面来看一个具体的案例。

实例分析

沙河股份（000014）深幅下跌地量止跌见底分析

图4-17为沙河股份2020年7月至2021年8月的走势。

从图4-17中可以看到，该股在2020年7月中旬创出14.85元的高价后见顶，在高位横盘整理一段时间后，最终在8月中旬跌破整理的支撑位一路下跌。整个下跌过程中成交量快速减少。

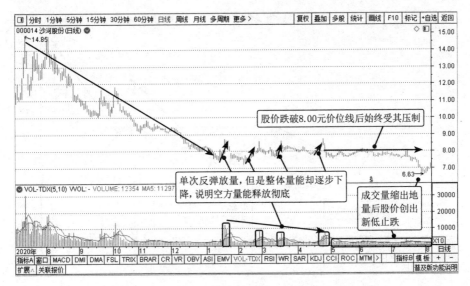

图 4-17　沙河股份 2020 年 7 月至 2021 年 8 月的走势

在 2021 年 1 月中旬，股价下跌到 7.50 元价位线附近后跌势减缓，期间多次反弹，但是由于市场中做空氛围浓厚，抛压沉重，股价始终在 8.50 元价位线附近受阻回落。

每一次股价的反弹，成交量都放量，但是整体来看依旧趋于下滑，说明在这段震荡走势中，市场中的空方动能得到了充分的释放。

在 4 月底，股价跌破 8.00 元价位线后的数月内，再也没有有效突破过该价位线，成交量也出现了极度缩小的地量形态。最终股价在 7 月 30 日创出 6.63 元的阶段低价后企稳。

股价经过近一年时间的持续下跌，从最高的 14.85 元运行到 6.63 元的低位后止跌，跌幅超过 55%，再加上成交量缩出地量，发出了行情见底的信号。

那么，这是否意味着股价会立即反转上涨呢？不一定，从安全投资的角度考虑，这里还是建议投资者不要着急操作，观察一下该股后市是否有足够的量能支撑上涨，再作出投资决策。

下面放大股价创出 6.63 元新低时前后的走势进行具体分析。

图 4-18 为沙河股份 2021 年 6 月至 2022 年 2 月的走势。

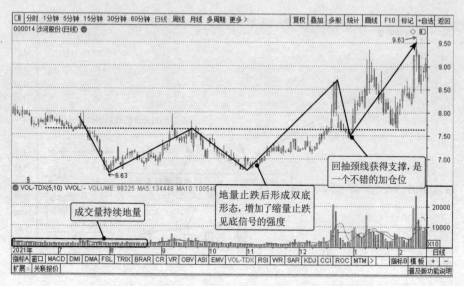

图 4-18　沙河股份 2021 年 6 月至 2022 年 2 月的走势

从图 4-18 中可以看到，该股在创出 6.63 元的新低后企稳回升，开启一波反弹行情，但是在刚开始拉升时，成交量仍然是地量形态，进入 9 月后成交量才有所放大，但是放大的量能也十分有限，使得股价再次上冲 8.00 元价位线时受阻回落。

不过，股价很快在跌破 7.00 元价位线后再次获得支撑反弹，回落低点也并未跌破前期的 6.63 元，蜡烛图形成了典型的双底形态，增强了前期地量止跌形态见底信号的强度，激进型的投资者可以在此少量加仓抄底。

在 12 月中下旬，该股放量价格突破双底形态颈线后，在 8.50 元价位线上方受阻回落，但是回落低点明显受到形态颈线的支撑，之后继续放量拉升，说明行情已经反转，稳健型的投资者此时买进相对更加安全。

第 5 章

涨跌停制度下的量价分析

涨跌停蜡烛线是蜡烛图中比较极端的一种形态，成交量也会与这些蜡烛线形成一些典型的量价形态，投资者通过对这些量价形态的认识和解读，可以对股价短期走势进行一定的预判。那么，涨跌停走势中到底有哪些常见的量价形态，这些形态具体怎么应用呢？

5.1 涨跌停蜡烛线＋成交量放量

为了防止股价暴涨暴跌，抑制投机，证券市场对股票当天价格的涨跌幅度进行了限制，这就是涨跌停制度。

我国证券市场现行的涨跌停制度规定，主板市场内，除了上市首日之外，股票（含 A、B 股）在一个交易日内的交易价格相对上一个交易日收盘价格的涨跌幅度不得超过 10%，超过涨跌幅度限制的委托为无效委托。当股价涨幅达到 10%，即为涨停；当股价跌幅达到 10%，即为跌停。

但是在实际操作中，个股当天的涨跌停幅度可能会有比涨跌停限制稍低或稍高的情况。比如在图 5-1 中，深华发 A（000020）2022 年 6 月 21 日的涨停幅度略低于涨停限制，为 9.98%；而 8 月 23 日的涨停幅度略高于涨停限制，为 10.02%。

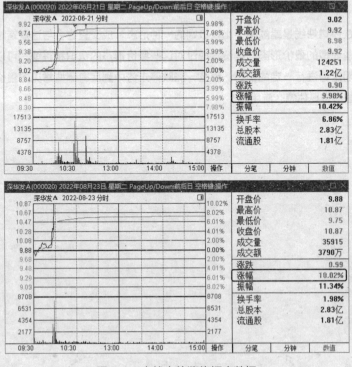

图 5-1　实战中的涨停幅度数据

拓展知识 *不是所有的个股涨跌幅度限制都为 10%*

　　需要说明的是，不是所有个股的涨跌幅度限制都是 10%，比如科创板块的个股涨跌幅度不得超过 20%。恒烁股份（688416）2023 年 5 月 26 日的涨停幅度为 20%，如图 5-2 所示；一些被特别处理的个股，如 ST 股和 *ST 股的涨跌幅度不得超过 5%，比如 ST 宇顺（002289）2023 年 5 月 9 日的跌停幅度为 5%，如图 5-3 所示。

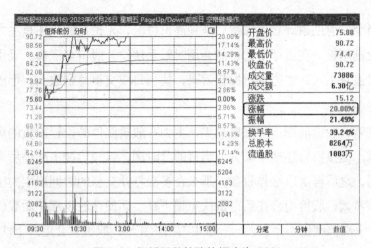

图 5-2　恒烁股份的涨停幅度为 20%

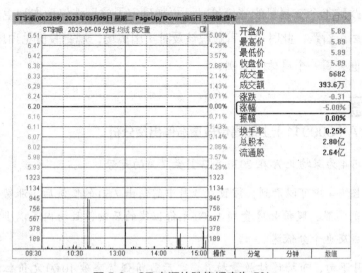

图 5-3　ST 宇顺的跌停幅度为 5%

涨停是市场处于极度强势状态的表现，跌停是市场处于极度弱势状态的表现。不同的涨跌停蜡烛线结合成交量的放量形态，发出的市场意义是不同的，下面分别介绍上涨高位的放量涨停及下跌过程中的放量跌停各自的实战用法。

5.1.1　上涨高位的放量涨停

当个股前期累计较大涨幅后来到高价位区，无论是散户还是主力都会开始大批出货。在后期主力可能会用对敲手法拉升股价至涨停，吸引场外投资者追涨买入，主力趁机抛售筹码，使当日成交量急剧放大，形成放量涨停形态。

注意，股价前期上涨幅度越大，主力在放量涨停的位置出货的可能性就越大。但投资者还要仔细分析当日的分时图，若股价冲击涨停后多次回落交易，之后再次以涨停收盘，那么在多次打开交易的时间段主力出货的概率非常大，股价也会在后市很快见顶下跌。即使在放量涨停后股价再次冲高，上涨幅度也不会太大，一旦主力出货完毕，股价就会走入下跌行情。

若投资者在放量涨停当日判断错误后买入股票，且次日股价走势呈现弱势，跌破上个交易日的涨停价时，更加确定了放量涨停形态为主力出货所致，后市看跌，此时投资者就应该及时卖出离场，规避股价见顶风险。

下面来看一个具体的案例。

实例分析

深物业 A（000011）上涨高位放量涨停出货分析

图 5-4 为深物业 A 在 2020 年 3 月至 7 月的走势。

从图 5-4 中可以看到，该股在 3 月中旬创出 7.50 的低价后，涨势一直都不是特别明显，股价始终受到 10.00 元价位线的压制，且场内多以小蜡烛线为主，成交也十分低迷。

5 月下旬，市场连续放量拉升，之后股价强势突破 10.00 元价位线的压制后持续上扬，虽然在 17.50 元价位线附近阶段见顶回落，但是股价很快在 15.00 元价位线止跌继续上涨，并从 7 月 9 日开始出现了连续涨停的走势。

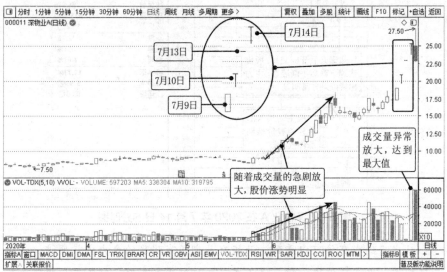

图 5-4 深物业 A 在 2020 年 3 月至 7 月的走势

从 7 月 9 日和 10 日的成交量来看，虽然有一定的缩小，但是相对于前期的量能来说，缩小速度不是特别快。而 7 月 13 日的一字涨停却出现了极度缩量的地量形态，次日股价继续跳空并以涨停价开盘，当日成交量出现异常放量，而且量能也达到近期的最大值。

从涨幅来看，股价从 3 月中旬的 7.50 元上涨到 7 月 14 日的 25.27 元，涨幅约为 237%。在如此强势的上涨之后出现异常放量的涨停蜡烛线，大概率是主力出货所致。

下面来看 7 月 14 日的分时图，如图 5-5 所示。

从图 5-5 中可以看到，该股开盘时被一笔巨大的成交量直接打到涨停价后封板。在 9:55 左右，涨停板被巨大的成交量砸开后，市场恢复常规交易，刚砸开的时间段成交量异常巨大，而且股价快速下跌。

整个开板交易持续到 13:39 左右，股价才被巨大的成交量柱拉高再次达到涨停，几分钟后再次开板交易，但持续时间非常短，不过成交量柱显著放大，之后该股就一直封板直至收盘。

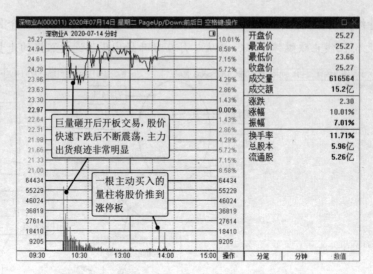

图 5-5　深物业 A 在 2020 年 7 月 14 日的分时图

从当日的成交量可以看到，开板交易期间有明显的主力出货痕迹，但是为了后市以更高的价格出货，主力在下午主动买入，形成红色量柱将股价推高到涨停板，以维持看涨走势，目的是让更多的追涨盘跟风买进，承接主力后续挂出的剩余筹码。若投资者在 7 月 14 日的分时图中并没有察觉到成交量的异常放大和主力出货意图，则在次日跌停大阴线的提示下也应尽早出局。

图 5-6 为深物业 A 在 2020 年 7 月 15 日的分时图。

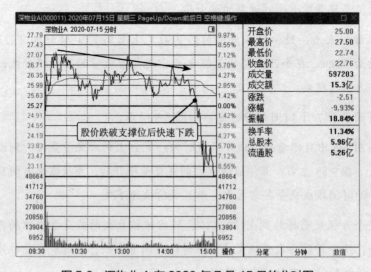

图 5-6　深物业 A 在 2020 年 7 月 15 日的分时图

从图 5-6 中可以看到，该股当日以 25.00 元的价格低开后快速冲高，但短时间内便在小幅越过 27.07 元价位线后回落，之后不断震荡。虽然低点在 25.63 元价位线附近获得支撑，但高点却在逐步下移，更说明了盘中抛压沉重。

在当日尾盘时间，该股突然放量跌破 25.63 元价位线后急速下跌，在低位短暂震荡后，最终还是以 9.93% 的跌幅收出带长上影线的大阴线，直接跌破上个交易日的涨停价。

而且从图 5-4 中可以发现，当日的成交量也是异常巨大，在大幅上涨高位出现巨量长阴线，更加说明主力在高位出货，行情随时可能见顶回落步入下跌，投资者可以在此逢高卖出，获利了结。

图 5-7 为深物业 A 在 2020 年 7 月至 2021 年 1 月的走势。

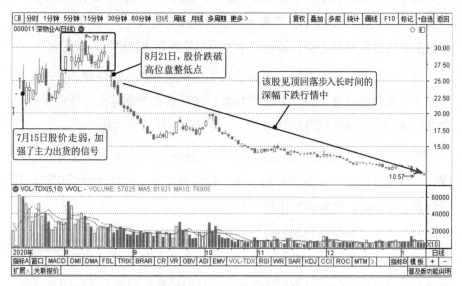

图 5-7 深物业 A 在 2020 年 7 月至 2021 年 1 月的走势

从图 5-7 中可以看到，该股之后还经历了一波上涨，但整个上涨过程中，成交量的量能相比 7 月 14 日和 7 月 15 日来说明显减少。在上涨无成交量放大配合的情况下，股价最终在 30.00 元价位线附近受阻，进入横盘整理阶段。

8 月 21 日，股价跌破高位横盘震荡的低点，说明主力出货接近尾声，行情已经发生逆转，此时还在场内的投资者就要及时卖出了。

从后市走势来看，该股在跌破高位横盘震荡的低点后连续 11 个交易日收阴，走出一波急速下跌行情，迅速落到 17.50 元价位线附近才止跌反弹，此时跌幅已经超过 45%。

由于主力在前期已经完成了大部分筹码的派发，这一波反弹可能是主力最后的出货时机，因此，投资者最好逢高卖出止损。最终，由于缺乏足够量能的支撑，股价很快见顶，继续前期的下跌走势。

5.1.2 下跌过程中的放量跌停

如果主力在前期拉升过程中没来得及全部抛售手中持股，也可以选择在下跌过程中完成剩余筹码的派发。所以，股价在经过一段时间的下跌后（此时股价的跌幅通常不大，否则主力出货就没有意义了），跌势可能减缓，甚至出现横盘震荡的走势，该过程中主力可能就在逐步进行尾货派发。

当主力快要完成出货时，可能会将手中剩余筹码一次性抛售，在这种抛压下，股价会迅速下跌，甚至直接跌停或跌破前期震荡的支撑位，成交量急剧增加，主动性抛盘明显增多，一波新的下跌行情由此开始。

因此，在下跌过程中出现的放量跌停蜡烛线形态，是空方势能逐步增强，市场已经转变为卖方市场的预示，投资者要坚决在场外持币观望，若投资者还在场内，则应果断出局。

若个股形成放量跌停蜡烛线时股价跌破 5 日、10 日均线，或导致 5 日均线下穿 10 日均线形成死叉，都会增强后市看空的信号。即使后市出现反弹行情，投资者也要时刻保持警惕，一旦股价涨势疲软，反弹即将结束，投资者就要尽早逢高卖出，规避行情继续下跌带来的亏损风险。

需要说明的是，下跌途中放量跌停蜡烛线中的成交量放量是相对于近期来说的，只要成交量相对而言有所增大，形态就成立。毕竟这里的放量是主力派发尾货造成的，所以，量能一般不可能达到或超过前期高位出货处的量能。

下面来看一个具体的案例。

实例分析

中国宝安（000009）下跌过程中放量跌停出货结束分析

图 5-8 为中国宝安 2021 年 5 月至 9 月的走势。

图 5-8　中国宝安 2021 年 5 月至 9 月的走势

从图 5-8 中可以看到，2021 年 6 月该股在连续巨大量能的推动下快速运行到 5 日均线上，展开一波可观的上涨行情。股价从 10.00 元价位线附近快速拉高创出 29.27 元的最高价，涨幅约为 193%，说明行情已经被推到了高价位区。而股价在创出 29.27 元的最高价后就出现了滞涨走势，在前期整个拉升过程中，成交量也呈现出逐步减少的形态，因此，此时股价的滞涨走势可能是行情见顶的预示。6 月中旬以后介入的投资者都已经获得不错的收益了，此时最好逢高卖出，规避股市见顶风险。

9 月 3 日，股价放量收出一根跌停大阴线，这主要是主力出货所致，更加说明了行情已经见顶回落，5 日均线和 10 日均线均已拐头向下，并且次日该股更是跳空向下，跌势比较急促。同时，股价也跌破了走平的 60 日均线，所有技术指标都发出下跌信号，投资者最好离场观望。

下面继续来看后面的走势。

图 5-9 为中国宝安 2021 年 8 月至 2022 年 2 月的走势。

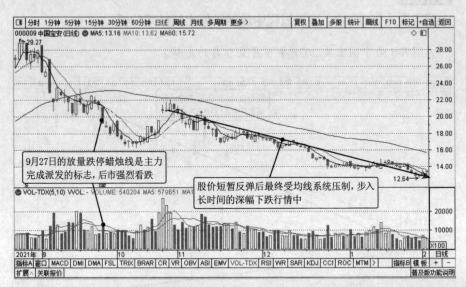

图 5-9　中国宝安 2021 年 8 月至 2022 年 2 月的走势

从图 5-9 中可以看到，该股在跌破走平的 60 日均线后跌势减缓，并在 20.00 元至 22.50 元价位线之间横盘整理。但是，由于股价是在下跌不久后很快止跌，部分看好该股的投资者误认为这只是股价的正常回落调整，止跌就是买入时机，于是纷纷买入该股。而主力却趁机出货，使成交量在整个震荡过程中相对于前期来说明显放大，一旦主力出货完毕，后市将迎来巨大下跌。

从横盘震荡走势的后半段来看，成交量已经恢复到了震荡前的水平，说明主力出货接近尾声。9 月 27 日，该股以 10.02% 的跌幅收出一根跌停大阴线跌破 20.00 元价位线，打破了横盘整理走势，成交量也相对于前两个交易日来说明显放大，这是主力完成出货的标志，发出强烈的卖出信号。其实，从当日的分时图也可以看出主力出货的过程。

图 5-10 为中国宝安 2021 年 9 月 27 日的分时图。

从图 5-10 中可以看到，该股当日低开后仅有短暂的一波上冲，但是也在触及上个交易日的收盘价后便受阻回落，之后持续下跌，成交量不断放大，主力出货意图明显。

10:30 左右，股价止跌反弹了一段时间，但是由于抛压巨大，反弹很快结束，股价继续下跌。在接近 11:00 时，场内出现一笔巨大的成交量直接将股价压到跌停，这是主力派发手中持股的表现。虽然之后股价有过几次短暂的开板交易，但是成交量相对于前期来说明显减少，说明主力可能已经完成了出货，后市强烈看跌。

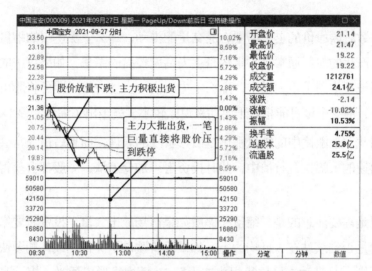

图 5-10 中国宝安 2021 年 9 月 27 日的分时图

返回图 5-9 也可以看到，股价在 9 月 27 日跌破震荡低位的同时，还连续跌破拐头向下的 5 日均线和 10 日均线，且二者已经形成明显的死叉，60 日均线也在股价上方拐头向下形成压制，市场已经从多头市场转为空头市场，后市看跌。此时，惜售的投资者及追涨者就要立即出局，避免后市被套。

虽然该股之后出现了一波反弹，但是股价在反弹到 20.00 元价位线附近后便受到 60 日均线的压制结束反弹，之后进入了漫长的深幅下跌行情。

5.2 蜡烛图涨跌停 + 成交量缩量

成交量的缩量形态也是比较常见的，它与不同的涨跌停蜡烛线结合也能对股价后市的涨跌起到很好的预测指示作用。下面分别介绍上涨途中的缩量涨停与下跌过程中的缩量跌停的实战用法。

5.2.1　上涨途中的缩量涨停

上涨途中缩量涨停是指在上涨过程中，在没有大量能推动的情况下股价拉出涨停蜡烛线，可能是涨停大阳线，也可能是一字涨停线或 T 字涨停线等。

多数时候股价的上涨需要有成交量的推动，那么上涨途中的缩量涨停是如何产生的呢？通常这种走势是主力高度控盘的结果，如果盘中的大部分筹码被集中到了主力手中，那么主力只需要少量的筹码即可将股价推高到涨停，而这个量可能相对于前期来说比较小，就走出了缩量涨停形态。

因此，上涨途中的缩量涨停是后市看涨的表现，而且后市通常会进入一波快速的大幅拉升行情中，此时投资者可加仓追涨，一般都会获得不错的收益。

但是需要注意的是，缩量涨停后如果市场放出大量，投资者要密切关注股价是否继续站在 5 日均线上，如果股价跌破了 5 日均线，则要快速拉回，否则一旦带动 5 日均线拐头或下穿 10 日均线形成死叉，接下来就可能有一波较大幅度的调整，也可能直接见顶回落步入下跌。

下面来看一个具体的案例。

实例分析

歌华有线（600037）上涨途中缩量涨停买入分析

图 5-11 为歌华有线 2020 年 1 月至 6 月的走势。

从图 5-11 中可以看到，该股在 2 月 4 日创出 8.05 元的新低后见底，之后在成交量的温和放大作用下企稳回升，开启上涨行情。随着行情的拉升，盘中积累的获利盘与前期套牢盘形成抛压，主力为了更好地进行拉升，就会主动清除浮动筹码，所以，股价在上涨到 11.00 元价位线附近后见顶下跌，成交量快速缩小。股价在跌破 9.00 元价位线后跌势减缓，之后始终受到该价位线的压制，在其下方小幅横向震荡，成交量不断缩小，甚至低于股价见底前后的量能，说明主力清理浮筹彻底。

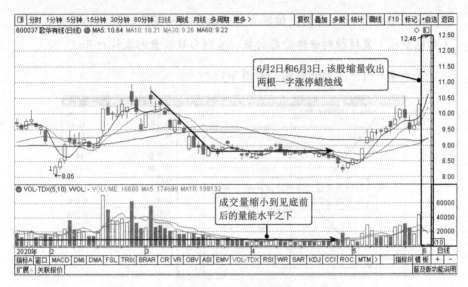

图 5-11　歌华有线 2020 年 1 月至 6 月的走势

4 月底，股价震荡下移到 8.00 元价位线上方时止跌，之后随着成交量的温和放大开始缓慢拉升，并很快越过均线系统站到 5 日均线上方，说明新一轮的上涨已经展开。接着在 6 月 2 日和 6 月 3 日，该股突然连续拉出一字涨停蜡烛线，但是成交量却极度缩小到地量形态。下面观察这两个交易日的分时图。先来看 6 月 2 日的分时图，如图 5-12 所示。

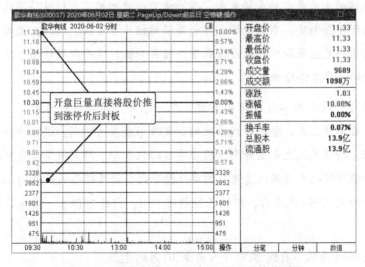

图 5-12　歌华有线 2020 年 6 月 2 日的分时图

从图 5-12 中可以看到，该股当日开盘即被一笔主动买入的巨大成交量（红色量柱）直接推到涨停价后封板，直到当日收盘都未被打开过。

再来看 6 月 3 日的分时图，如图 5-13 所示。

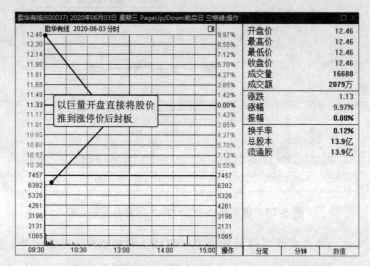

图 5-13　歌华有线 2020 年 6 月 3 日的分时图

从图 5-13 中可以看到，该股当日走势和 6 月 2 日的走势基本一样，也是在开盘时即被一笔主动买入的巨大成交量直接推到涨停价后封板，直到收盘。

从这两个交易日的走势来看，投资者可以更加确定，经过前期的调整，主力清理浮筹彻底，市场中的大部分筹码都被主力掌握，因此，主力只需要在开盘用一笔巨量即可将股价推到涨停板并封板，从而在蜡烛图中呈现出极度缩量的一字涨停蜡烛线。

另外，返回图 5-11 也可以看到，在一字涨停蜡烛线的作用下，股价偏离到 5 日均线上方，整个均线系统向上发散形成多头排列，进一步预示了后市看涨，行情进入上涨主升期，投资者可择机加仓。场外投资者也可以根据自己的操作策略适当买入追涨，但要保持警惕，因为股价从最低的 8.05 元上涨到此时的 12.50 元左右，涨幅已经超过 55%，行情可能在一波急速拉升后见顶。

图 5-14 为歌华有线 2020 年 5 月至 10 月的走势。

从图 5-14 中可以看到，在缩量涨停后，该股上涨至 14.00 元价位线附近受阻回落，在连续阴线的作用下运行到 5 日均线下方并跌破 10 日均线。但是股价在跌破 10 日均线的次日便重新拉升向上突破 5 日均线，整个均线系统继续保持向上发散的多头排列，市场继续看好。

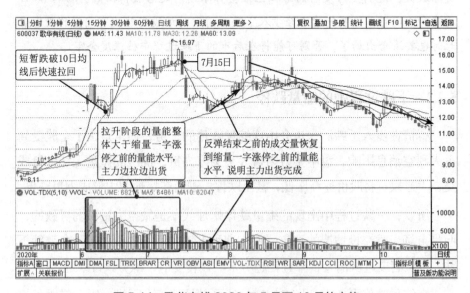

图 5-14　歌华有线 2020 年 5 月至 10 月的走势

随后，股价继续依托 5 日均线上涨，但是在 6 月中旬，股价明显呈现出涨势疲软的状态，虽然在新开启的一波拉升行情中，成交量出现了缩小，但是相对于缩量涨停之前的量能来说明显翻倍。并且股价此时上涨已经触及 16.00 元价位线，并创出 16.97 元的高价，相对于上涨初期的 8.05 元来说，涨幅约有 111%。多方面分析，此时股价大概率见顶，投资者要做好离场的准备。

7 月 15 日，股价低开后一路下跌，当日以 9.97% 的跌幅收出大阴线，并跌破拐头向下的 5 日均线和 10 日均线。这是一个可靠的卖点，即使股价不见顶，后续可能也将迎来一波大幅的调整，稳健的投资者最好逢高卖出。尤其在次日股价继续收出跌停大阴线，跌破 30 日均线，且 5 日均线下穿 10 日均线形成死叉，进一步加强了卖出信号的强度。

之后，股价虽然继续下跌到 60 日均线获得支撑止跌反弹，但是此时的量能已经恢复到了缩量涨停前的量能水平，说明主力在前期已经通过边拉边出货的方式完成了全部或大部分筹码的派发。没有主力参与的个股，上涨幅度注定有限。

事实也确实如此，该股反弹再次到达 16.00 元价位线后便结束，成交量突然放大，说明主力最后的筹码已经全部派发。之后股价回落，扭转 60 日均线向下运行，说明行情已经步入下跌。前期对该股仍然抱有期望的投资者此时也要清仓出局了，否则可能将在后市的下跌过程中被深度套牢。

5.2.2 下跌过程中的缩量跌停

行情在步入下跌后，也会出现缩量跌停的走势，通常是由于个股受到重大利空消息影响，盘中卖方力量大于买方力量，涌出的抛盘无法大量成交，卖方只有将股价逐渐压低，甚至跌停，进而在蜡烛图中形成缩量跌停。

所以，下跌过程中出现的缩量跌停蜡烛线不是做空力量减弱导致的，而是市场当时交投情况的真实反映。这种走势预示了该股后市还会继续下跌，投资者要赶快清仓，并且在趋势未明显转变前，不可盲目跟进。

在缩量跌停形态中，形成的蜡烛线可以是跌停大阴线、倒 T 字跌停蜡烛线或一字跌停蜡烛线。

如果出现缩量连续收出一字跌停蜡烛线的情况，更加说明了市场的做空氛围浓厚，短时间内不会重新回归强势格局，面对这样的行情，投资者应该多观望。需要说明的是，这里的缩量是指跌停蜡烛线的整体量能相对于前期而言较小，而不是连续缩量跌停线中的每根蜡烛线对应的成交量都必须逐步缩小。

下面来看一个具体的案例。

实例分析

国华网安（000004）下跌过程中缩量跌停继续看空分析

2022 年 1 月 26 日，国华网安披露《2021 年度业绩预告》，预告中预计 2021 年度盈利 1.00 亿元至 1.48 亿元，与上年相比，同比增长 54.74%～129.02%。

这一利好消息一经公布，直接刺激了市场，使得当日该股拉出一根一字涨停线，股价以 22.26 元收盘。

2022 年 4 月 28 日，国华网安披露《2021 年度业绩预告修正公告》，对 2021 年业绩预告大幅修正，公告中披露修正后 2021 年度归属于上市公司股东的净利润为亏损 4.00 亿元至 6.00 亿元，比上年同期下降 718.97%～1028.46%。这一利空消息公布后直接导致当日股价跌停，且此后连续多个交易日股价大跌。

图 5-15 为国华网安 2021 年 10 月至 2022 年 4 月的走势。

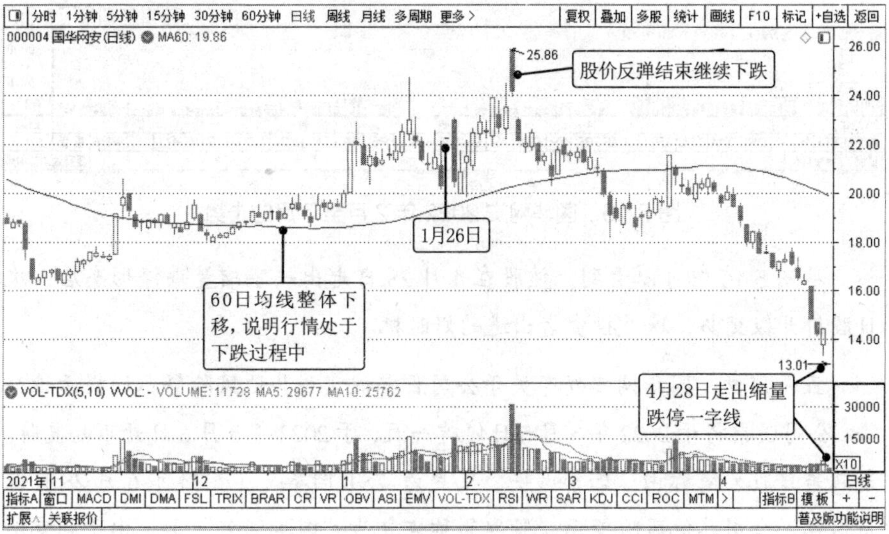

图 5-15　国华网安 2021 年 10 月至 2022 年 4 月的走势

从图 5-15 中的 60 日均线走势来看，该股正处于下跌阶段，而 2022 年 1 月 26 日的一字涨停位于一波较长时间反弹的后期，当日拉出一字涨停，不久后股价创出 25.86 元的价格，然后反弹结束继续下跌，并在 2022 年 3 月上旬跌破 60 日均线。

4 月 28 日，受利空消息的影响，当日股价直接拉出一根一字跌停蜡烛线，而成交量也迅速缩小。由于此时股价正处于下跌通道中，缩量跌停蜡烛线的出现说明市场中的投资者对该股已经失去信心，后市继续下跌已成为大概率事件。投资者当遇到这样的情形时，一定要抓住机会清仓出局，尽量将损失降低。

图 5-16 为国华网安 2022 年 2 月至 7 月的走势。

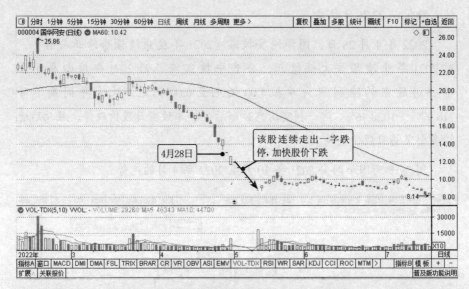

图 5-16 国华网安 2022 年 2 月至 7 月的走势

从图 5-16 中可以看到,该股在 4 月 28 日走出一字缩量跌停形态后,次日股价开板交易,这是投资者出逃的好时机。

五一前夕,国华网安发布关于公司股票被实施其他风险警示的提示性公告,公司股票将于 2022 年 5 月 5 日停牌一天,于 2022 年 5 月 6 日开市起复牌。复牌当日股票简称由"国华网安"变更为"ST 国华"(2023 年 6 月 28 日开市撤销了公司其他风险警示,股票简称恢复为"国华网安")。由于利空消息不断公布,该股当日及之后的五个交易日连续收出缩量一字跌停蜡烛线,短短几个交易日,股价跌幅巨大,而且之后还在持续下跌。

所以,投资者在股价下跌过程中遇到利空消息导致缩量跌停时,一定要及时出局,以规避后市更大下跌带来的亏损。

第 6 章

分时图中的量价结合形态

分时图反映的是某一根蜡烛线当日的全天走势情况，与蜡烛图相同，分时图中的分时价格也有对应的成交量，通过对分时量能和分时价格之间的关系进行分析，投资者可以对股价未来的短期走势进行预测。本章就从分时图中常见的量价关系和涨跌停下的量价关系两个方面入手，以实战解析的方式讲解分时图中量价结合形态的应用。

6.1 分时图中量价结合的常见形态

股市全天可以交易的时间是 9:30 ～ 11:30，13:00 ～ 15:00，人们通常将这两段时间分为早盘（9:30 ～ 10:00）、盘中（10:00 ～ 14:30）和尾盘（14:30 ～ 15:00）三个分时段。当然，在实战操作中，有些投资者将 14:00之后的时间段称为尾盘，这也是可以的。

在不同的分时段中，价格和成交量之间存在不同的量价关系，这些量价关系对预测股价的走势有非常重要的意义。下面就具体介绍分时图中几种常见的量价形态的实战用法。

6.1.1 早盘低开缩量低走

早盘低开缩量低走是指个股当日以低于上个交易日收盘价的价格开盘后缩量低走的走势，往往是主力清理浮筹的一种表现，因此，常出现在行情的底部区域或是上涨初期（一般而言，上涨初期的涨幅还没有超过30%，主力就会开始清理浮筹），很少出现在行情的顶部。如果出现在行情顶部，往往是主力出货的表现。

这里需要说明的是，早盘的低开低走并不意味着股价整天都会持续低走，股价可能会在盘中的时候被拉升，蜡烛线就会带有下影线。此时投资者要结合日蜡烛图走势分析，如果当日形成的带下影线的蜡烛线没有破位，则可以确定大概率是主力在清理浮筹，是后市看好的做多信号。

若行情处于底部区域，则后市可能见底回升；若行情正在上涨初期，则说明后市会很快止跌企稳，重拾升势。因此，投资者需要密切关注日蜡烛图的走势，一旦股价企稳，投资者就可以根据股价所处位置和自己的操作策略逢低买入。

如果早盘低开低走后形成的蜡烛线破位下跌，甚至还伴随成交量的放量，则有两种情况：一种是股价处于行情的高位区域，蜡烛线破位下跌是主力出货导致，后市可能持续下跌，此时场内投资者要及时抛售，获利了结，而场外投资者应继续持币观望；另一种可能是主力在低位清理浮筹，但是后市可能会进入较长时间的横盘整理阶段，此时投资者只能持币在场外耐心等待。

下面来看一个具体的案例。

实例分析

平安银行（000001）上涨途中早盘低开缩量低走形态分析

图 6-1 为平安银行 2022 年 11 月 21 日的分时图。

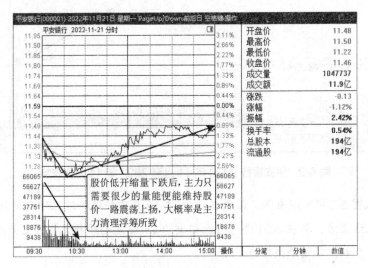

图 6-1　平安银行 2022 年 11 月 21 日的分时图

从图 6-1 中可以看到，该股当日以一笔巨量大幅压低股价，使其以 11.48 元的价格低开，之后一路震荡下跌，伴随着成交量的一路萎缩。整个早盘期间，股价呈现出量跌价跌的走势。

但是在 10:00，股价被下拉到当日的最低价后出现探底回升的走势，之后一直持续震荡上扬，最终以 1.12% 的跌幅收出带长下影线的阴线。

整体来看，在早盘缩量下跌后震荡拉升的过程中，成交量也不是特别大，初步判断可能是主力在借助股价下跌清理浮筹，当主力清理浮筹完毕后高度控盘，所以，之后的拉升只需要很少的量能便能维持持续的震荡上扬。

为了确认判断，这里还需要结合该蜡烛线在日蜡烛图中的位置来做进一步的分析。

图 6-2 为平安银行 2020 年 11 月至 2022 年 11 月的走势。

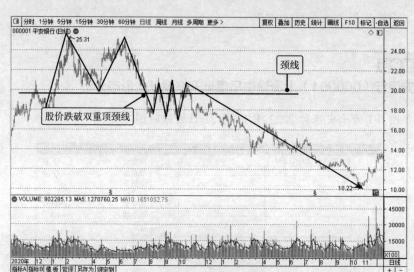

图 6-2　平安银行 2020 年 11 月至 2022 年 11 月的走势

从图 6-2 中可以看到，该股在 2020 年 12 月底经过一波上冲后来到 25.00 元价位线上方，并在 2021 年 2 月上旬创出 25.31 元的价格见顶，之后在顶部走出一个双重顶蜡烛线形态。

7 月中下旬，在连续阴线报收的作用下，股价跌破双重顶的颈线位置，虽然之后多次回抽颈线，但是都在颈线位置受到压制止涨，最终彻底下跌，进一步加强了下跌行情开启的确定性。直到 2022 年 10 月 31 日，股价在创出 10.22 元的新低后才止跌，行情有望企稳回升。

下面来看股价大幅下跌到行情底部区域的走势。

图 6-3 为平安银行 2022 年 10 月至 12 月的走势。

从图 6-3 中可以看到，该股在创出 10.22 元的新低之前收出了一根中阴线，之后收出一根中阳线，三者构成了启明星蜡烛线组合。在大幅下跌行情的低位出现该蜡烛线组合，说明行情大概率见底了。之后股价出现企稳回升的走势，行情转入上涨。

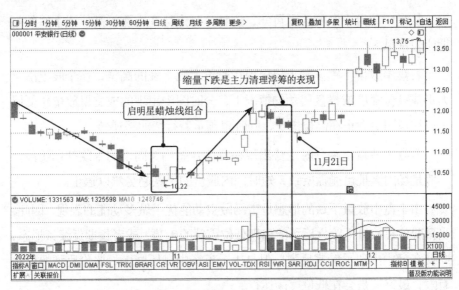

图 6-3 平安银行 2022 年 10 月至 12 月的走势

11 月上旬，在一次明显的放量拉升过程中股价快速上涨并突破 12.00 元价位线，之后受阻滞涨。股价从最低的 10.22 元上涨到此时，涨幅约为 17%，按一般规律，主力会在此时进行一波整理，目的是进一步清理场内的浮筹。之后股价确实出现回落，前期高位套牢盘和意志不坚定的短期获利盘纷纷被清理出局，以至于在蜡烛图中成交量出现下跌。

而 11 月 21 日就是股价回调期间的一个交易日。结合前期的各项分析来看，该股后市继续看好，场内投资者可以继续持股待涨。

次日股价止跌，结束了这波短暂的回落走势重拾升势，场内投资者可以根据自身情况加仓。而对于场外投资者来说，此时是一个比较安全的买点。

6.1.2 盘中股价放量下跌

盘中放量下跌指的是个股当日的成交量突然放量压制股价，使其急速下跌，主要是市场中越来越多的投资者一致看跌后市而纷纷抛盘所致。若成交量长期放大，则可能会导致价格出现更大幅度的下跌，造成更多的投资者跟风卖出。

从盘中放量下跌的成因可知，这种分时走势在上涨的高位或下跌的初期比较常见。

若盘中放量下跌分时走势出现在股价大幅上涨的高位，在个股上涨乏力形成高位滞涨或横盘震荡的情况下，分时图中出现的成交量放量压低股价往往说明主力正在高位出货，同时也预示着行情即将逆转。

若盘中放量下跌分时走势出现在行情开始拐头向下的下跌初期阶段，一般是场内大批量抛盘所致，短时间内股价的下跌趋势难以遏止。

由于盘中放量下跌的形态是市场做空动能优于做多动能的表现，因此，当日股价在放量下跌之后可能出现低位震荡的走势，或者长期延续该形态，即使在盘中出现了触底反弹，但是由于市场中抛压强大，股价反弹幅度也有限，最终还是会在低位震荡运行。

因此，无论个股当前是处于上涨行情高位，还是下跌初期，只要当日的分时图出现盘中放量下跌走势，投资者都应及时获利了结，出局观望。

下面来看一个具体的案例。

实例分析
中国宝安（000009）上涨高位盘中放量下跌形态分析

图 6-4 为中国宝安 2021 年 8 月 26 日的分时图。

从图 6-4 中可以看到，该股当日以 28.80 元的价格低开后出现一波急速下跌，很快便在 27.51 元价位线附近止跌，进入横盘整理阶段。

这波横盘整理只维持了几分钟便出现反弹，但是由于拉升过程中的成交量相对于前期来说急速缩小，导致股价反弹后很快在 27.87 元价位线附近受阻回落，一直到早盘结束。

10:00 之后，股价继续下跌，但是此时的量能相对于早盘的量能来说呈明显放大形态，说明经过早盘的走势后，场内投资者一致看跌后市，纷纷抛售出局。

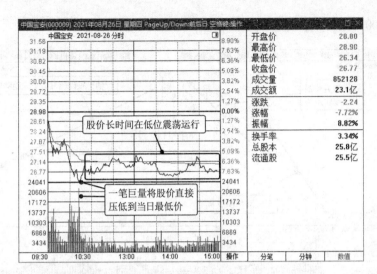

图 6-4　中国宝安 2021 年 8 月 26 日的分时图

随着抛压的逐步增大，股价持续下跌，后市一片看淡。在 10:12 左右，一笔巨大的成交量将股价直接压低到当日的最低价上，虽然随后股价出现反弹，但是始终保持在低位横向震荡，成交量减少，不过整体交投还是比较活跃，该股最终以 7.72% 的跌幅收出一根大阴线。

为了进一步分析后市的走势，下面结合该股当日在蜡烛图中的所处位置进行分析。

图 6-5 为中国宝安 2021 年 4 月至 12 月的走势。

从图 6-5 中可以看到，该股在 2021 年 4 月中旬运行到 11.00 元价位线附近后滞涨回落，但是幅度不大，最终在 10.00 元价位线上获得支撑，围绕该价位线上下窄幅波动，持续了差不多一个月的时间，并创出 9.49 元的阶段低价。

6 月初，在成交量的突然放量推动下，该股走出了一波强势拉升行情，一个月左右，股价就从 10.00 元价位线附近上涨到 24.00 元价位线下方，涨幅达到 140%。

之后股价受阻回落，在 20.00 元价位线上止跌重拾升势，但是由于成交量的急速缩小，导致股价明显上涨乏力，经过一波三折后在 8 月中旬上涨越过 28.00 元价位线，并在 8 月 24 日创出 29.27 元的高价后滞涨。

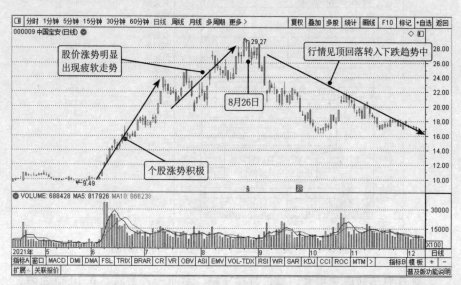

图 6-5　中国宝安 2021 年 4 月至 12 月的走势

股价在三个月时间内从 9.49 元的低位上涨到 29.27 元的高位，涨幅超过 200%。在这样的高位阶段出现滞涨走势，投资者就要警惕行情见顶风险。

就在股价创出最高价后的第三天，即 8 月 26 日，股价就在盘中走出放量下跌的走势，更加确认主力在高位借助横盘整理出货。那么场内投资者要及时逢高卖出，在行情还未转势之前尽早获利了结，以规避后市的大幅下跌。

6.1.3　尾盘放量急跌

尾盘放量急跌分时走势是指当日股价大部分时间内都呈现震荡走势，但是进入尾盘后，成交量突然放大，导致股价急速下跌。这种走势若出现在行情的高位区域，通常是主力出货的表现。

股价可能在开盘小幅下跌后进入横盘整理走势，也可能开盘后直接进入震荡走势中，原因主要是主力在高位区域很难一次性将手中筹码全部抛售，所以，先抛售一部分持股后将股价维持在一个区域中波动，吸引场外资金入场，慢慢消化手中的筹码。

一旦主力出货接近尾声，就可能集中且大批量抛出手中剩余筹码引起持股者集体抛售，不断加剧盘中抛压，导致股价跌破整理平台的低点，在分时图上表现出来就是股价在尾盘迅速破位下跌。

如果当日蜡烛线在蜡烛图中跌破了 5 日均线的支撑，说明行情即将逆转，投资者应果断离场。

当然，尾盘放量急跌分时走势也可能出现在行情低价位区，这往往是主力在测试盘中筹码的稳定程度或盘中抛压情况，以预估后市的拉升压力。

在这种情况下，股价只要围绕在 5 日均线附近波动，没有跌破 10 日均线，且 10 日均线和 20 日均线保持良好的向上运行势态，则说明上涨趋势未发生明显改变，只要股价第二天受到买盘支撑，投资者就可以适当介入。

下面来看一个具体的案例。

实例分析

宏创控股（002379）上涨高位尾盘放量急跌形态分析

图 6-6 为宏创控股 2017 年 6 月 22 日的分时图。

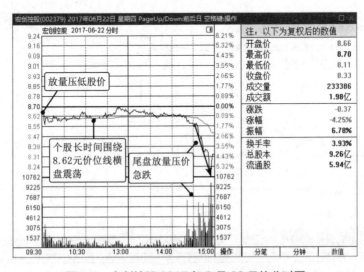

图 6-6　宏创控股 2017 年 6 月 22 日的分时图

从图 6-6 中可看到，该股当日以 8.66 元的价格低开后出现一波放量快速压低股价的走势，但仅仅维持了两三分钟的时间。股价在即将到达 8.55 元价位线时止跌，之后长时间围绕在 8.62 元价位线附近窄幅波动。

临近上午收盘时，股价远离 8.62 元价位线后向上个交易日的收盘价 8.70 元发起冲击，但是由于没有量能的支撑，股价在刚刚触及 8.70 元价位线时便受阻回落，再次围绕 8.62 元价位线窄幅波动，一直持续到尾盘。

在 14:20 左右，成交量突然放大下拉，股价跌破 8.62 元价位线后向下运行。在当日最后半小时内，成交量更是出现密集放大，股价不断被压低，出现急速下滑的走势，显示了主力出货的痕迹。

开盘时的巨量下压是主力出货所致，而之后股价长时间围绕在 8.62 元价位线窄幅波动，是主力为了不让股价下跌得太明显，以此吸引场外跟风盘买进的表现。待到尾盘，主力趁机集中出货，才导致股价出现急跌走势。

虽然最后一两分钟个股出现了一波拉升，但是由于场内抛压巨大，股价当日仍然以 4.25% 的跌幅阴线报收。

下面再来结合蜡烛图走势进一步分析主力出货意图。

图 6-7 为宏创控股 2015 年 9 月至 2017 年 9 月的走势。

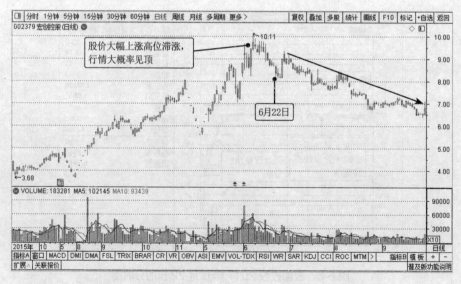

图 6-7　宏创控股 2015 年 9 月至 2017 年 9 月的走势

从图 6-7 中可以看到，该股在 9 月 15 日以 3.68 元的价格见底后开启上涨，经过一波放量推动后，股价上涨到 5.00 元价位线后阶段见顶回落，回到前期低点上方时止跌，接着以连续一字涨停的方式重拾升势。

之后股价一路震荡拉升，在 2017 年 6 月 7 日创出 10.11 元的高价后滞涨。此时股价涨幅已经十分巨大了，那么滞涨的走势大概率预示着行情见顶，投资者最好逢高卖出，锁定前期投资收益。

随后股价连续以阴线报收，并且在 6 月 22 日出现尾盘放量急跌形态，进一步说明前期股价滞涨和连续阴线压低是主力出货的表现，此时还在场内的投资者就要及时获利了结。

从该股后市的走势来看，虽然股价在 8.00 元价位线上企稳反弹，但是由于主力已经完成出货，场内没有量能支撑股价继续上涨，股价反弹不及前期高点便快速见顶回落，步入长时间的深幅下跌行情中。

6.2　分时图中的涨跌停量价分析

在蜡烛图中，涨跌停蜡烛线是非常重要的分析对象，在分时图中，当日走势中出现的涨跌停量价关系也是短线投资者需要研究的重点内容。下面就来具体分析分时图中两种常见的涨跌停量价形态应用。

6.2.1　早盘放量推动股价拉出涨停

早盘放量推动股价拉出涨停是指股价当日开盘后便开始上冲，且涨速较快，与此同时，成交量的量能也迅速放大，直到强势放出天量后在早盘就将股价打到涨停板上。

这种涨势是非常强势的，但是也并不意味着该股后市可期，投资者要结合股价被推到涨停后的成交量情况来分析，通常有以下两种情况：

①涨停后量能随即萎缩出地量，涨停板封板后再未打开。这种分时走

势若在上涨初期或途中出现，是主力高度看好该股的预示，表明后续股价还会有可观的上升空间，此时投资者可以逢低买入或加仓，持股待涨。

②涨停后成交量虽有回缩，但偶有大量放出，导致涨停板 V 字开板。这种分时走势若在大幅上涨的高位出现，表明市场筹码有所松动，预示的是行情转势，后市看跌，投资者需要警惕是否为主力拉至高位的出货行为，最好及时获利了结，持币观望。

下面来看一个具体的实例。

实例分析

常山北明（000158）上涨途中早盘放量推动股价涨停后封板分析

图 6-8 为常山北明 2021 年 4 月 20 日的分时图。

从图 6-8 中可以看到，该股当日以 5.34 元的价格平开后快速拉升，随着成交量的不断放大，股价一路急速震荡上涨。9:47 左右，一笔巨大的量能将股价直接推动到涨停板上，之后一直封板交易，直到收盘。而下方的成交量在封板后也快速回缩，几乎呈现无量状态。个股的这种分时走势，大概率是主力高度看好后市的表现，一般也是行情即将进入主升期的预示。

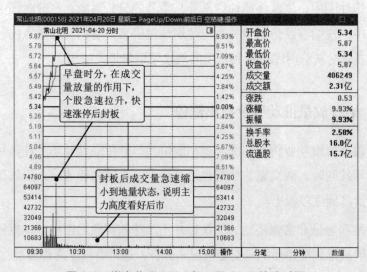

图 6-8　常山北明 2021 年 4 月 20 日的分时图

下面再来结合该股当日在蜡烛图中所处的位置做进一步的分析。

图 6-9 为常山北明 2021 年 1 月至 6 月的走势。

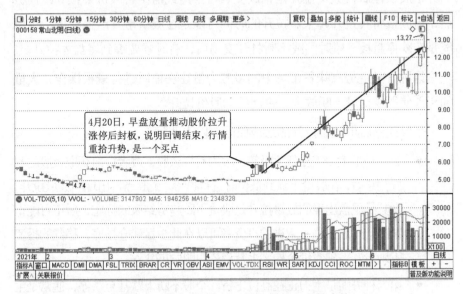

图 6-9　常山北明 2021 年 1 月至 6 月的走势

从图 6-9 中可以看到，4 月 20 日处于上涨途中的位置。个股在 2 月创出 4.74 元的低价后企稳回升步入上涨，在经过一波短暂的拉升后在 6.00 元价位线下方受阻滞涨。

随后该股进入了长时间的回调整理阶段，但是股价在回落触及 5.00 元价位线后就受到该价位线的支撑止跌。整个整理过程中，成交量都非常小，说明这是主力清理浮筹的一种手段，后市依旧看涨。

在 4 月中旬，成交量开始温和放大，拉升股价脱离 5.00 元价位线，而 4 月 20 日的早盘放量涨停后封板的走势，说明主力清理浮筹完毕，回调已经结束，主升期来临了。此时场外投资者可以逢低吸纳，建仓买入；而场内投资者可以根据自己的操作计划加仓，持股待涨。

从后市走势来看，该股在两个多月的时间内走出了一波可观的上涨行情，股价从 6.00 元左右上涨到最高的 13.27 元，涨幅超过 121%。在 4 月 20 日之后介入的投资者持股一段时间后卖出，也可以获得不错的收益。

6.2.2 个股跌停后再放量拉升

个股跌停后再放量拉升是指成交量在早盘或盘中将股价下拉到跌停板后，再放量将其拉升起来。拉升的时间可能是在股价触及跌停板后，也可能是在跌停封板一段时间或不断打开交易后，有时候要等到尾盘才拉升。

这种分时走势意味着市场中的多方力量在跌停后进行撬板操作，大量的买入使得成交量不断放大，进而推动股价拉升。

个股跌停后再放量拉升的形成原因有以下两种：

◆ 第一种是主力正在低位吸筹。主力看好该股，或者提前获取该股的利好消息后，在股价下跌到低位时进行抢筹。个股当日出现的放量拉升，尤其是尾盘出现的放量拉升是股价下跌趋势结束的标志，后市可能止跌回升开启上涨。激进的投资者可以在此少量建仓抄底，稳健的投资者则最好等到股价企稳，上升趋势明朗后再介入。

◆ 第二种可能是主力正在高位出货。个股不断下跌甚至跌停，通常是主力派发所致，但是主力不能在短时间内完成派发，所以，通过之后的放量拉升来吸引场外投资者追涨买入，方便完成手中剩余筹码的派发。需要说明的是，在上涨高位或下跌初期，跌停后的放量拉升可能持续到当日收盘，也可能在一段时间后受阻回落，这是场内抛压沉重的表现，一旦主力完成出货，股价就会继续下跌。此时投资者要及时获利了结，场外投资者则不要急于追涨。

由此可见，不同位置出现的跌停后再放量拉升的走势，其市场意义是不同的，投资者的操作策略也会不同。因此，投资者在遇到这种分时走势时，一定要结合蜡烛图走势，判断个股当前所处位置，再决定是否进行买卖。

下面来看一个具体的案例。

实例分析

深深房 A（000029）下跌初期跌停后放量拉升股价形态分析

图 6-10 为深深房 A 在 2015 年 6 月 30 日的分时图。

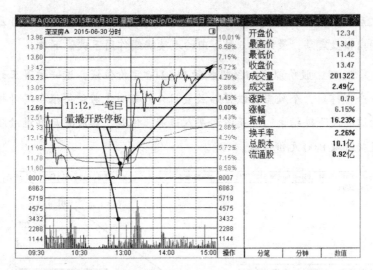

图 6-10 深深房 A 在 2015 年 6 月 30 日的分时图

从图 6-10 中可以看到，该股当日以一笔巨量压价，使得个股以 12.34 元的价格大幅低开，随后在短暂震荡几分钟后出现急速下跌走势。10:04 左右，巨大的量能放出，将股价打到跌停板上，后续短暂开板交易两分钟后就一直封板。

在 10:57 左右，该股再次开板交易，几分钟后继续封板，11:12，场内出现一笔巨大的量能推动股价上涨，跌停板被撬开。

随后，随着成交量的间歇性放大，股价一路被推高，在当日甚至以 6.15% 的涨幅收出一根带长下影线的大阳线。

这样的分时走势是否意味着后市将迎来一波强势上涨行情呢？下面来结合蜡烛图走势分析后市走势。

图 6-11 为深深房 A 在 2014 年 11 月至 2015 年 7 月的走势。

从图 6-11 中可以看到，该股在 6.00 元价位线上方经历了较长时间的横盘整理，于 2015 年 2 月中旬开始拉升。

在 3 月，伴随着成交量的不断放大，股价突破前期盘整高位，后市走出一波大幅上涨行情。三个多月的时间，股价从 6.00 元价位线附近上涨到最高 19.10 元，仅这一波涨幅就超过 218%，说明此时股价已经来到了高价位区。

之后，股价始终受到 18.00 元价位线的压制，在 16.00 元至 18.00 元的价格区间内横盘震荡，最终在 6 月下旬的连续阴线作用下破位下跌。

6 月 30 日，股价以大阳线报收触及 12.00 元价位线，这一位置正好是前期的一个支撑位，个股当日跌停后放量拉升的分时走势使得很多场外投资者误认为这一波下跌结束，于是纷纷买入追涨。但是，该股之后却继续跌停，股价直接跌破 8.00 元价位线。

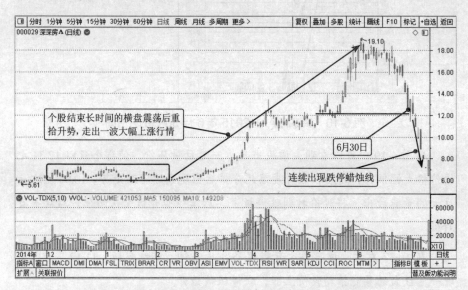

图 6-11　深深房 A 在 2014 年 11 月至 2015 年 7 月的走势

下面继续来看后市走势。

图 6-12 为深深房 A 在 2015 年 6 月至 2016 年 12 月的走势。

从图 6-12 中可以看到，虽然之后该股在创出 6.44 元的阶段低价后出现反弹，但是整段走势也不算顺畅，大部分时间都在大起大落地震荡，股价反弹也不及前期高点，随后便受阻回落，步入长时间的震荡下跌行情中。

因此，在股价出现大幅上涨的高价位区，即使股价回落到前期的支撑位出现止跌的迹象，投资者也不要急于入场，耐心等待股市明朗再介入也不迟，这样还能在一定程度上规避高位追涨被套的风险。

图 6-12　深深房 A 在 2015 年 6 月至 2016 年 12 月的走势

在本书最后还要提醒各位投资者，实战中影响股价走势的因素有很多，如经济周期轮转、宏观政策调控因素等。因此，本书介绍的蜡烛图技术和成交量技术的技法，均从知识的角度分析其实战应用，投资者切勿将这些理论用法作为实战操作的唯一参考。